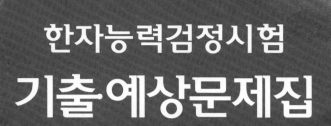

한자능력검정시험
기출예상문제집

한자능력검정시험
기출·예상문제집 5급Ⅱ

발 행 일 │ 2023년 4월 20일
발 행 인 │ 한국어문한자연구회
발 행 처 │ 한국어문교육연구회
주　　소 │ 경기도 남양주시 다산순환로 20 B동
　　　　　 3층 34호(다산현대 프리미엄캠퍼스몰)
전　　화 │ 02)332-1275,
　　　　　 031)556-1276
팩　　스 │ 02)332-1274
등록번호 │ 제313-2009-192호
I S B N │ 979-11-91238-53-2　13700

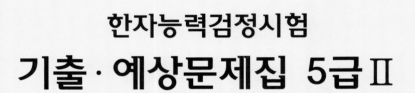

정가 14,000원

공|급|처　　T. 02-332-1275 │ F. 02-332-1274
푸른하늘　www.skymiru.co.kr

교육급수
필수교재

한자능력 검정시험

기출·예상문제집
한국어문회가 직접 발간한 문제집

4급 II

머리말

우리의 글은 70% 이상이 한자로 이루어져 있다. 비록 우리말이 소리로 표시되다고 하더라도, 결국 그 표시의 근본이 한자였기 때문에 한글이 만들어지기 전까지는 우리의 모든 역사와 생활이 한자로 기록되었고, 한글 창제이후에도 대부분의 기록은 한자로 이루어졌다.
따라서 우리의 학문, 역사, 민속 등 모든 문화유산은 한자를 모르고는 정확히 이해할 수 없으며, 무엇보다 지금 당장의 생활과 공부를 위해서도 한자가 필요한 것이다.

그 동안 어문교육에 대한 이견으로 한자 교육의 방향성이 중심을 잡지 못하고 표류하였으나 아무리 한글전용이 기본이고 어려운 한자어를 우리말로 바꾸는 작업을 꾸준히 한다 하더라도 눈앞에 문장을 이해하지 못하고 어쩔 수 없이 사교육의 영역에서 한자를 공부하는 현실을 부인할 수 없는 것이다. 공교육의 영역에서 충실한 한자교육이 이루어지지 못하는 지금의 상황에서는 한자학습의 주요한 동기부여수단의 하나인 동시에 학습결과도 확인해볼 수 있는 한자능력검정시험의 역할이 더욱 중요하기 때문에, 우선적으로 시험을 위한 문제집으로서 이 책을 출간하게 되었다. 한자공부가 어렵게만 느껴지는 분들에게 이 책이 충분히 도움이 될 것으로 믿으며, 한자학습을 지도하는 부모님들이나 선생님들의 부담도 덜어줄 것이라고 감히 추천하는 바이다.

이 책의 구성

- **출제유형 및 합격기준**
- **출제유형분석** – 학습이나 지도의 가이드라인을 제시
- **배정한자 및 사자성어 수록**
- **반대자, 반대어**
- **유의자, 유의어**
- **약자**
- **예상문제** – 기출문제분석에 의한 배정한자의 문제화
- **실제시험답안지** – 회별로 구성
- **최근 기출문제 8회분 수록**

이 책이 여러분들의 한자실력향상에 도움이 되기를 바란다.

편저자 씀

한자능력시험 급수별 출제유형

구 분	특급	특급II	1급	2급	3급	3급II	4급	4급II	5급	5급II	6급	6급II	7급	7급II	8급
읽기 배정 한자	5,978	4,918	3,500	2,355	1,817	1,500	1,000	750	500	400	300	225	150	100	50
쓰기 배정 한자	3,500	2,355	2,005	1,817	1,000	750	500	400	300	225	150	50	0	0	0
독 음	45	45	50	45	45	45	32	35	35	35	33	32	32	22	24
한자 쓰기	40	40	40	30	30	30	20	20	20	20	20	10	0	0	0
훈 음	27	27	32	27	27	27	22	22	23	23	22	29	30	30	24
완성형[성어]	10	10	15	10	10	10	5	5	4	4	3	2	2	2	0
반의어	10	10	10	10	10	10	3	3	3	3	3	2	2	2	0
뜻풀이	5	5	10	5	5	5	3	3	3	3	2	2	2	2	0
동음이의어	10	10	10	5	5	5	3	3	3	3	2	0	0	0	0
부 수	10	10	10	5	5	5	3	3	0	0	0	0	0	0	0
동의어	10	10	10	5	5	5	3	3	3	3	2	0	0	0	0
장단음	10	10	10	5	5	5	3	0	0	0	0	0	0	0	0
약 자	3	3	3	3	3	3	3	3	3	3	0	0	0	0	0
필 순	0	0	0	0	0	0	0	0	3	3	3	3	2	2	2
한 문	20	20	0	0	0	0	0	0	0	0	0	0	0	0	0

▶ 상위급수 한자는 모두 하위급수 한자를 포함하고 있습니다.

▶ 쓰기 배정 한자는 한두 급수 아래의 읽기 배정한자이거나 그 범위 내에 있습니다.

▶ 출제유형표는 기본지침자료로서, 출제자의 의도에 따라 차이가 있을 수 있습니다.

▶ 공인급수는 교육과학기술부로부터 국가공인자격 승인을 받은 특급·특급II·1급·2급·3급·3급II이며, 교육 급수는 한국한자능력검정회에서 시행하는 민간자격인 4급·4급II·5급·5급II·6급·6급II·7급·7급II·8급 입니다.

▶ 5급II·7급II는 신설 급수로 2010년 11월 13일 시험부터 적용됩니다.

▶ 6급II 읽기 배정한자는 2010년 11월 13일 시험부터 300자에서 225자로 조정됩니다.

한자능력검정시험 합격기준

구 분	특급	특급II	1급	2급	3급	3급II	4급	4급II	5급	5급II	6급	6급II	7급	7급II	8급
출제문항수	200	200	200	150	150	150	100	100	100	100	90	80	70	60	50
합격문항수	160	160	160	105	105	105	70	70	70	70	63	56	49	42	35
시험시간	100분	100분	90분	60분	60분	60분	50분	50분	50분	50분	50분	50분	50분	50분	50분

▶ 특급, 특급II, 1급은 출제 문항수의 80% 이상, 2급 ~ 8급은 70% 이상 득점하면 합격입니다.

차 례

4급Ⅱ 예상문제

4급Ⅱ 기출문제

4級Ⅱ에서는 5級과 달리 한자어의 讀音, 한자의 訓音, 한자어 등의 빈칸을 메워 완성하는 문제, 反對語[相對語] 문제, 同意語[類義語] 문제, 한자어의 뜻풀이 문제, 한자나 한자어를 직접 쓰는 문제, 同音異義語 문제, 略字(약자;획수를 줄인 漢字), 문제 외에 部首 문제가 출현하며 대신 4급Ⅱ부터는 筆順 문제는 나오지 않는다. 총 100문제가 출제된다.

우선 정해진 배정한자 750자 낱글자의 훈음을 모두 익힌 뒤에 그 글자들이 어울려 만들어내는 한자어의 독음과 뜻을 학습하여야 한다. 그리고 反對語[相對語], 同意語[類義語], 同音異義語의 개념도 학습하여야 한다. 또 전체 배정한자의 部首와 해당 범위 내의 略字(약자; 획수를 줄인 漢字)도 익혀 두어야 한다. 한자 쓰기 문제에 대비하기 위해서는 5급 500자 범위 내에 있는 400자가 출제 대상이므로 이 범위 내의 한자어 중 많이 쓰이는 중요한 것은 모두 읽고 쓸 줄 알아야 한다.

長短音은 특별한 규칙이 있는 것이 아니므로 기본 지침서의 장단음표를 참조하여 한자어 전체를 소리내어 발음하면서 입에 배도록 익혀야 한다. 기출 문제를 풀어 보고 시험에 자주 등장하는 장음 한자어들만 따로 모아 문장을 만들어 익히는 등의 여러 노력이 필요하다.

시험에서 중요한 사항은 우선 출제자가 요구하는 답이 무엇인지 질문을 통해 확인하여야 한다. 기출문제를 풀어 보면 알 수 있지만 대개 질문은 회차에 무관하게 각 급수별로 일정한 유형으로 정해져 있다. 따라서 기출문제를 통하여 질문에 익숙해져야 한다.

① 한자어의 讀音 문제는 대개 지문과 함께 한자어가 제시된다.

다음 밑줄 친 漢字語의 讀音을 쓰시오. (1~5)

1 평평한 곳에 회색 피륙으로 <u>揮帳</u>을 쳤다.

2 인류에게 <u>穀類</u>의 생산은 혁명이었다.

3 남의 손아래 누이를 높여 <u>令妹</u>라고 한다.

4 할아버지는 <u>易術</u>에 능하셨다.

5 정당한 <u>批判</u>은 받아들여야 한다.

유형해설

기본적으로 한자 낱글자의 소리를 알고 있으면 답할 수 있다. 다만 두음법칙, 속음, 여러 가지 소리가 나는 글자 등에 주의하면 된다. 위의 문장의 '令妹'의 경우 답안지에는 '영매'로 적어야 한다. '령매'로 적으면 틀린 답이 된다. '令'은 본래 소리가 '령'이지만 국어에는 두음법칙이 있어 첫소리에 'ㄹ'이 오는 것을 꺼리므로 '영'으로 하여야 한다. 물론 한자어가 '法令'으로 '令'이 뒤에 온다면 '법령'으로 정상적으로 '령'로 답하면 된다.

한편 '論難'의 경우 답안지에는 '논란'으로 적어야 하며, '논난'으로 적으면 틀린 답이 된다. 속음이라 하여 국어에는 한국인이 소리내기 쉽게 한자음이 바뀌는 경우 등이 발생하며 이때는 바뀐 한자 소리를 우선하여야 한다. 이런 한자어들은 사례가 많지 않으므로 기본 지침서를 활용하여 익혀두면 된다.

또 한자의 소리가 '렬, 률'인 것이 모음이나 'ㄴ' 뒤에 오는 경우 국어에서는 '열, 율'로 소리나고 표기하게 되어 있는 것에 주의하여야 한다. 예로 戰列은 한자음 대로 하면 '전렬'이지만 'ㄴ' 뒤에 '렬(列)'이 오는 데서 실제 소리와 표기는 '전열'이 되는 점에 주의하여야 한다.

그리고 위의 易術의 '易'처럼 '역'과 '이'의 두 가지 이상의 소리가 있는 한자는 어울리는 한자와 뜻에 의하여 소리가 달라지므로 평소에 자주 쓰이는 두 가지 이상의 훈음을 가진 한자는 주의깊게 익혀 두어야 한다. 易術은 소리가 '역술'이 되고, '便易'는 그 소리가 '편이'가 되는 것이다.

2 한자의 訓音 문제는 대개 다음과 같다.

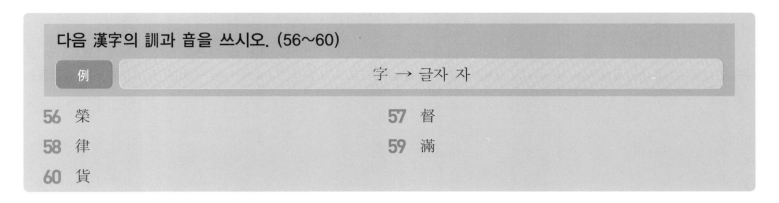

다음 漢字의 訓과 音을 쓰시오. (56~60)

例　　　字 → 글자 자

56 榮　　　　　　　　　　　57 督
58 律　　　　　　　　　　　59 滿
60 貨

유형해설

위의 訓音 문제는 한자 낱글자의 뜻과 소리를 알고 있으면 풀 수 있는 문제들이다.

3 한자어의 뜻풀이 문제는 대개 다음과 같다.

다음 漢字語의 뜻을 쓰시오. (98~100)

98 工期　　　　　　　　　　99 放置
100 路邊

유형해설

뜻풀이 문제는 배정한자 범위 내에 있는 자주 쓰이는 한자어들을 익혀 두어야 한다. 한자의 訓音으로 한자어의 뜻을 짐작하는 훈련을 하고, 뜻을 가지고 해당 한자어를 머릿속에 떠올리고 쓸 수 있도록 연습하여야 한다.
그리고 한자어는 순우리말과 풀이 순서가 다를 수 있으므로 한자어의 구조에 대하여도 기본적인 것은 학습하여 두어야 한다. 예로 植木은 보통 '심을 식, 나무 목'으로 익혀 植木을 '심은 나무' 등으로 풀이하기 쉬운데, 뜻이 달라지거나 말이 통하지 않으므로 뒤부터 풀이하여 '나무를 심음'이라는 뜻이 드러나도록 표현하여야 한다. 또 대표훈음만으로는 이해되지 않는 자주 쓰이는 한자어도 출제되므로 한자어가 잘 이해가 안 될 때는 자전 등을 참고하여 다른 중요한 뜻도 공부하여 두어야 한다. 예로 選手의 경우 '가릴 선, 손 수'가 대표훈음이지만 이를 토대로 '가린 손'이라 해 보아야 뜻이 통하지 않는 것이다. 이런 경우의 '手'는 '사람'의 뜻이라는 것도 알아 두어야 '(여럿 중에서)가려 뽑은 사람'이라는 뜻을 이해하고 설명할 수 있는 것이다.

4 相對語[反對語], 同義語[類義語] 문제는 대개 相對[反對] 또는 같거나 비슷한 뜻을 지닌 한자를 찾아내어 한자어를 완성하는 형태이다.

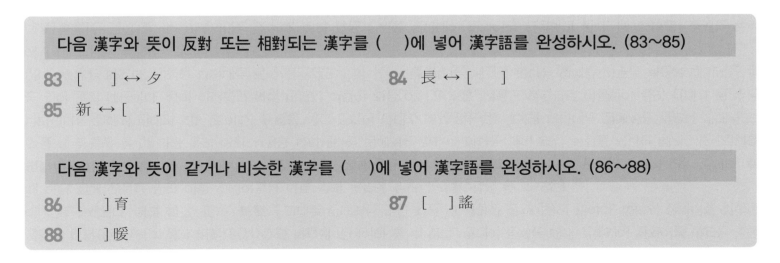

다음 漢字와 뜻이 反對 또는 相對되는 漢字를 (　)에 넣어 漢字語를 완성하시오. (83~85)

83 [　] ↔ 夕　　　　　　　84 長 ↔ [　]
85 新 ↔ [　]

다음 漢字와 뜻이 같거나 비슷한 漢字를 (　)에 넣어 漢字語를 완성하시오. (86~88)

86 [　]育　　　　　　　　　87 [　]謠
88 [　]暖

평소에 相對(反對)의 개념과 相對(反對)字를 학습해 두어야만 풀 수 있다. 반대어 문제는 대개 결합되어 한자어를 만드는 것들이 주로 출제된다. 위의 朝夕, 長短, 新舊는 그대로 반대되는 뜻을 지닌 채 결합한 한자어들인 것이다. 따라서 한자어를 학습할 때 이런 점에 관심을 두고 이런 한자어들을 따로 추려 공부해 두면 문제를 쉽게 풀 수 있다.

相對(反對)는 완전히 다른 것은 아니다. 비교의 기준으로서 같은 점이 있어야 하고 하나 이상은 달라야 반대가 되는 것이다. 朝夕을 예로 들면 둘 다 하루 중의 어떤 시점을 나타낸다는 점에서는 같으나 하나는 해가 뜨는 아침을 하나는 해가 지는 저녁을 나타낸다는 점에서 반대가 되는 것이다. 春夏를 예로 든다면 반대가 되지 않는다. 계절을 나타내는 점에서는 같으나 반대가 되는 것이 없기 때문이다. 봄이 아니라고 하여 반드시 여름인 것은 아니고 가을, 겨울도 있으므로 여름만이 봄의 반대가 될 수는 없다. 春秋는 다르다. 계절을 나타내는 점에서는 같으나 하나는 씨를 뿌리는 계절을 하나는 열매를 거두는 계절이 대비되는 점에서 반대가 될 수 있는 것이다.

同義[類義]란 뜻이 같거나 비슷하다는 뜻이다. 이와 같은 한자를 찾아내어 한자어를 완성하면 된다. 同義[類義] 문제는 역시 대개 결합되어 한자어를 만드는 것들이 주로 출제된다. 위의 養育, 歌謠, 溫暖은 뜻이 같거나 비슷한 글자끼리 결합된 한자어인 것이다.

5 4급Ⅱ 부터의 同音異義語 문제는 5급 등과 달리 同音異義字[소리는 같고 뜻은 다른 글자]를 묻는 문제가 아닌 본격적인 同音異義語[소리는 같고 뜻은 다른 한자어] 문제가 출제된다.

> ### 다음 漢字語와 음은 같되 뜻이 다른 漢字語가 되도록 ( ) 안에 漢字를 쓰시오. (89~91)
>
> **89** 果實 – [　]失 : 잘못이나 허물
>
> **90** 小食 – [　]息 : 안부나 어떤 형세 따위를 알리거나 통지함
>
> **91** 思考 – 社[　] : 회사에서 내는 광고

제시된 한자어를 통해 소리는 알 수 있으므로, 제시된 뜻을 통해 특정 소리와 뜻을 가진 한자를 찾아내어 한자어를 완성하는 문제로 볼 수 있다. 위의 果實의 독음이 '과실'임을 안다면 완성해야할 문제의 괄호 속의 한자의 소리는 '과'일 것이고, '과' 소리를 가진 한자 중에 제시된 '잘못이나 허물'이라는 단서를 통하여 '過'를 찾아내면 되는 것이다. 다른 문제와 달리 읽을 수 있다면 괄호 속에 어울릴 한자를 찾아낼 단서는 뜻 이외에 하나가 더 생기는 셈이다. 만일 읽을 수 없다면 문제를 풀기 어렵다.

6 완성형 문제는 대개 사자성어나 고사성어 등의 한 글자 정도를 비워 놓고 채워 넣을 수 있는 지를 검정하는 문제가 출제된다.

> ### 다음 ( )에 알맞은 漢字를 써서 四字成語를 완성하시오. (78~82)
>
> | | |
> |---|---|
> | **78** [　]天愛人 | **79** 安貧[　]道 |
> | **80** 萬古不[　] | **81** 秋[　]落葉 |
> | **82** 百年河[　] | |

배정한자 범위내의 자주 쓰이는 사자성어나 고사성어는 별도로 익혀두는 것이 좋다. '경천애인, 백년하청' 등 소리만이라도 연상할 수 있다면 문제에 쉽게 접근할 수 있을 것이다.

7 한자어를 쓰는 문제는 대개 맞는 한자어를 바로 머리에 떠올릴 수 있도록 지문이 주어진다.

> **다음 밑줄 친 漢字語를 漢字로 쓰세요. (94~95)**
>
> 20세기 말에는 <u>외형</u>[94]상으로는 기적적인 발전을 이룬 것으로 평가 받기도 하였다. '근대화'란 <u>급속</u>[95]한 '서구화'를 의미하는 것으로

> **다음 漢字語를 漢字로 쓰시오. (46~48)**
>
> **46** 아동 : 어린 아이   **47** 약초 : 약으로 쓰는 풀
>
> **48** 농업 : 농사를 짓는 직업

> **다음의 뜻을 가진 故事成語를 漢字로 쓰시오. (85~86)**
>
> **85** [   ] : 실물을 보면 욕심이 생기게 된다는 말
>
> **86** [   ] : 어느 모로 보나 아름다운 미인
>   온갖 방면의 일에 능통한 사람

유 형 해 설

한자어를 쓰는 문제는 한자 능력을 종합적으로 검정하는 문제라고 할 수 있다. 평소에 익힌 한자와 한자어를 여러 번 써 보고 뜻을 익히는 일을 게을리하지 말아야 한다. 또 문장 속에서 익힌 한자어를 활용하는 습관을 들여야 한다.

8 略字(약자 : 획수를 줄인 漢字) 문제는 대개 정자를 제시하고 해당 약자를 쓰라는 형태로 출제되지만, 간혹 약자를 제시하고 정자로 바꾸어 쓰라는 문제도 출제되므로 범위 내의 정자와 약자를 다 익혀 두 어야 한다.

> **다음 漢字를 略字로 바꾸어 쓰시오. (76~78)**
>
> **76** 擧   **77** 傳
>
> **78** 醫

9 部首 문제는 주로 한자를 제시하고 그 한자의 부수를 찾아내어 쓰라는 형태로 출제된다.

> **다음 漢字의 部首를 쓰시오. (73~75)**
>
> **73** 困   **74** 鳴
>
> **75** 頭

유 형 해 설

문제는 해당 한자의 부수를 찾아내어 한자의 뜻을 짐작하고 자전에서 찾아낼 수 있는 능력 여부를 검정하는 데 주안점이 있으므로 다소 주변적인 획수를 묻는 문제는 출제된 적이 없다. 평소에 배정한자의 부수를 중심으로 학습하여 두면 된다.

⑩ 長短音(장단음)

다음 漢字語 중 첫 音節이 길게 발음되는 것을 셋만 찾아 그 번호를 쓰시오. (88~90)

例	① 强力	② 未安	③ 間或	④ 思考	⑤ 素朴
	⑥ 飮食	⑦ 針線	⑧ 便法	⑨ 從屬	⑩ 手足

88 [   ]   89 [   ]

90 [   ]

유 형 해 설

長短音(한자말 첫소리의 길고 짧은 소리) 문제는 쉽지 않다. 長短音은 특별한 규칙이 있는 것이 아니므로 기본 지침서의 장단음표를 참조하여 한자어 전체를 소리내어 발음하면서 입에 배도록 익혀야 한다. 기출 문제를 풀어 보고 시험에 자주 등장하는 장음 한자어들만 따로 모아 문장을 만들어 익히는 등의 여러 노력이 필요하다.

한자음 뒤에 나오는 ":"는 장음 표시입니다. "(:)"는 장단음 모두 사용되는 한자이며, ":"나 "(:)"이 없는 한자는 단음으로만 쓰입니다.

8급 배정한자(50자)

교	가르칠	교:	母	어미	모:	小	작을	소:	中	가운데	중
校	학교	교:	木	나무	목	水	물	수	青	푸를	청
九	아홉	구	門	문	문	室	집	실	寸	마디	촌:
國	나라	국	民	백성	민	十	열	십	七	일곱	칠
軍	군사	군	白	흰	백	五	다섯	오:	土	흙	토
金	쇠	금	父	아비	부	王	임금	왕	八	여덟	팔
	성(姓)	김	北	북녘	북	外	바깥	외:	學	배울	학
南	남녘	남		달아날	배:	月	달	월	韓	한국	한(:)
女	계집	녀	四	넉	사:	二	두	이:		나라	한(:)
年	해	년	山	메	산	人	사람	인	兄	형	형
大	큰	대(:)	三	석	삼	一	한	일	火	불	화(:)
東	동녘	동	生	날	생	日	날	일			
六	여섯	륙	西	서녘	서	長	긴	장(:)			
萬	일만	만:	先	먼저	선	弟	아우	제:			

☑ 8급 배정한자는 모두 50자로, 읽기 50자이며, 쓰기 배정한자는 없습니다. 가장 기초적인 한자들로 꼭 익혀 둡시다.

7급Ⅱ 배정한자(50자)

家	집	가	工	장인	공	內	안	내:	力	힘	력
間	사이	간(:)	空	빌	공	農	농사	농	立	설	립
江	강	강	氣	기운	기	答	대답	답	每	매양	매(:)
車	수레	거	記	기록할	기	道	길	도:	名	이름	명
	수레	차	男	사내	남	動	움직일	동:	物	물건	물

方	모(稜)	방	食	밥	식	全	온전	전	漢	한수	한:
不	아닐	불		먹을	식	前	앞	전		한나라	한:
事	일	사:	安	편안	안	電	번개	전:	海	바다	해:
上	윗	상:	午	낮	오:	正	바를	정(:)	話	말씀	화
姓	성	성:	右	오를	우:	足	발	족	活	살	활
世	인간	세:		오른(쪽)	우:	左	왼	좌:	孝	효도	효:
手	손	수(:)	子	아들	자	直	곧을	직	後	뒤	후:
市	저자	시:	自	스스로	자	平	평평할	평			
時	때	시	場	마당	장	下	아래	하:			

☑ 7급Ⅱ 배정한자는 모두 100자로, 8급 배정한자(50자)를 제외한 50자만을 담았습니다. 8급과 마찬가지로 쓰기 배정한자는 없습니다.

7급 배정한자(50자)

歌	노래	가	面	낯	면:	植	심을	식	住	살	주:
口	입	구(:)	命	목숨	명:	心	마음	심	重	무거울	중:
旗	기	기	問	물을	문:	語	말씀	어:	地	따	지
冬	겨울	동(:)	文	글월	문	然	그럴	연	紙	종이	지
同	한가지	동	百	일백	백	有	있을	유:	千	일천	천
洞	골	동	夫	지아비	부	育	기를	육	天	하늘	천
	밝을	통:	算	셈	산:	邑	고을	읍	川	내	천
登	오를	등	色	빛	색	入	들	입	草	풀	초
來	올	래(:)	夕	저녁	석	字	글자	자	村	마을	촌:
老	늙을	로:	少	적을	소:	祖	할아비	조	秋	가을	추
里	마을	리:	所	바	소:	主	임금	주	春	봄	춘
林	수풀	림	數	셈	수:		주인	주	出	날(生)	출

배정한자(配定漢字)

便	편할	편(:)	夏	여름	하:	休	쉴	휴
	똥오줌	변	花	꽃	화			

☑ 7급 배정한자는 모두 150자로, 7급Ⅱ 배정한자(100자)를 제외한 50자만을 담았습니다. 8급, 7급Ⅱ와 마찬가지로 쓰기 배정한자는 없습니다.

6급 Ⅱ 배정한자(75자)

各	각각	각		구절	두	線	줄	선	意	뜻	의:
角	뿔	각	童	아이	동(:)	雪	눈	설	作	지을	작
界	지경	계:	等	무리	등:	成	이룰	성	昨	어제	작
計	셀	계:	樂	즐길	락	省	살필	성	才	재주	재
高	높을	고		노래	악		덜	생	戰	싸움	전:
公	공평할	공		좋아할	요	消	사라질	소	庭	뜰	정
共	한가지	공:	利	이할	리:	術	재주	술	第	차례	제:
功	공(勳)	공	理	다스릴	리:	始	비로소	시:	題	제목	제
果	실과	과:	明	밝을	명	信	믿을	신:	注	부을	주:
科	과목	과	聞	들을	문(:)	新	새	신	集	모을	집
光	빛	광	半	반(半)	반:	神	귀신	신	窓	창	창
球	공	구	反	돌이킬	반:	身	몸	신	清	맑을	청
今	이제	금		돌아올	반:	弱	약할	약	體	몸	체
急	급할	급	班	나눌	반	藥	약	약	表	겉	표
短	짧을	단(:)	發	필	발	業	업	업	風	바람	풍
堂	집	당	放	놓을	방(:)	勇	날랠	용:	幸	다행	행:
代	대신할	대:	部	떼	부	用	쓸	용:	現	나타날	현:
對	대할	대:	分	나눌	분(:)	運	옮길	운:	形	모양	형
圖	그림	도	社	모일	사	音	소리	음	和	화할	화
讀	읽을	독	書	글	서	飮	마실	음(:)	會	모일	회:

☑ 6급Ⅱ 배정한자는 모두 225자로, 7급 배정한자(150자)를 제외한 75자만을 담았습니다. 쓰기 배정한자 8급 50자입니다.

6급 배정한자(75자)

한자	훈	음	한자	훈	음	한자	훈	음	한자	훈	음
感	느낄	감:	綠	푸를	록	習	익힐	습	章	글	장
強	강할	강(:)	李	오얏	리	勝	이길	승	在	있을	재:
開	열	개		성(姓)	리:	式	법	식	定	정할	정:
京	서울	경	目	눈	목	失	잃을	실	朝	아침	조
古	예	고:	米	쌀	미	愛	사랑	애(:)	族	겨레	족
苦	쓸[味覺]	고	美	아름다울	미(:)	夜	밤	야:	晝	낮	주
交	사귈	교	朴	성(姓)	박	野	들(坪)	야:	親	친할	친
區	구분할	구	番	차례	번	洋	큰바다	양	太	클	태
	지경	구	別	다를	별	陽	볕	양	通	통할	통
				나눌	별	言	말씀	언	特	특별할	특
郡	고을	군:	病	병	병:	永	길	영:	合	합할	합
根	뿌리	근	服	옷	복	英	꽃부리	영	行	다닐	행(:)
近	가까울	근:	本	근본	본	溫	따뜻할	온		항렬	항
級	등급	급	使	하여금	사:	園	동산	원	向	향할	향:
多	많을	다		부릴	사:	遠	멀	원:	號	이름	호(:)
待	기다릴	대:	死	죽을	사:	油	기름	유	畫	그림	화:
度	법도	도(:)	席	자리	석	由	말미암을	유		그을	획(劃)
	헤아릴	탁	石	돌	석	銀	은	은	黃	누를	황
頭	머리	두	速	빠를	속	衣	옷	의	訓	가르칠	훈:
例	법식	례:	孫	손자	손(:)	醫	의원	의			
禮	예도	례:	樹	나무	수	者	놈	자			
路	길	로:									

☑ 6급 배정한자는 모두 300자로, 6급Ⅱ 배정한자(225자)를 제외한 75자만을 담았습니다. 쓰기 배정한자 7급 150자입니다.

5급 Ⅱ 배정한자(100자)

價	값	가	德	큰	덕	仙	신선	선	元	으뜸	원
客	손	객	到	이를	도:	鮮	고울	선	偉	클	위
格	격식	격	獨	홀로	독	說	말씀	설	以	써	이:
見	볼	견:	朗	밝을	랑:		달랠	세:	任	맡길	임(:)
	뵈올	현:	良	어질	량	性	성품	성:	材	재목	재
決	결단할	결	旅	나그네	려	歲	해	세:	財	재물	재
結	맺을	결	歷	지날	력	洗	씻을	세:	的	과녁	적
敬	공경	경:	練	익힐	련:	束	묶을	속	傳	전할	전
告	고할	고:	勞	일할	로	首	머리	수	典	법	전:
課	공부할	과(:)	流	흐를	류	宿	잘	숙	展	펼	전:
	과정	과(:)	類	무리	류(:)		별자리	수:	切	끊을	절
過	지날	과:	陸	뭍	륙	順	순할	순:		온통	체
觀	볼	관	望	바랄	망:	識	알	식	節	마디	절
關	관계할	관	法	법	법	臣	신하	신	店	가게	점:
廣	넓을	광:	變	변할	변:	實	열매	실	情	뜻	정
具	갖출	구(:)	兵	병사	병	兒	아이	아	調	고를	조
舊	예	구:	福	복	복	惡	악할	악	卒	마칠	졸
局	판[形局]	국:	奉	받들	봉:		미워할	오	種	씨	종(:)
基	터	기	仕	섬길	사:	約	맺을	약	州	고을	주
己	몸	기	史	사기(史記)	사:	養	기를	양:	週	주일	주
念	생각	념:	士	선비	사:	要	요긴할	요(:)	知	알	지
能	능할	능	産	낳을	산:	友	벗	우:	質	바탕	질
團	둥글	단	商	장사	상	雨	비	우:	着	붙을	착
當	마땅	당	相	서로	상	雲	구름	운	參	참여할	참

15

責	꾸짖을	책	品	물건	품:	害	해할	해:	凶	흉할	흉
充	채울	충	必	반드시	필	化	될	화(:)			
宅	집	택	筆	붓	필	效	본받을	효:			

☑ 5급Ⅱ 배정한자는 모두 400자로, 6급 배정한자(300자)를 제외한 100자만 담았습니다. 쓰기 배정한자는 6급Ⅱ 225자입니다.

5급 배정한자(100자)

加	더할	가	技	재주	기	無	없을	무	億	억[數字]	억
可	옳을	가:	期	기약할	기	倍	곱	배(:)	熱	더울	열
改	고칠	개(:)	汽	물끓는김	기	比	견줄	비:	葉	잎	엽
去	갈	거:	吉	길할	길	費	쓸	비:	屋	집	옥
擧	들	거:	壇	단	단	鼻	코	비:	完	완전할	완
件	물건	건	談	말씀	담	氷	얼음	빙	曜	빛날	요:
健	굳셀	건:	島	섬	도	寫	베낄	사	浴	목욕할	욕
建	세울	건:	都	도읍	도	思	생각	사(:)	牛	소	우
景	볕	경(:)	落	떨어질	락	査	조사할	사	雄	수컷	웅
競	다툴	경:	冷	찰	랭:	賞	상줄	상	原	언덕	원
輕	가벼울	경	量	헤아릴	량	序	차례	서:	院	집	원
固	굳을	고(:)	令	하여금	령(:)	善	착할	선:	願	원할	원:
考	생각할	고(:)	領	거느릴	령	船	배	선	位	자리	위
曲	굽을	곡	料	헤아릴	료(:)	選	가릴	선:	耳	귀	이:
橋	다리	교	馬	말	마:	示	보일	시:	因	인할	인
救	구원할	구:	末	끝	말	案	책상	안:	再	두	재:
貴	귀할	귀:	亡	망할	망	漁	고기잡을	어	災	재앙	재
規	법	규	買	살	매:	魚	고기	어	爭	다툴	쟁
給	줄	급	賣	팔	매(:)		물고기	어	貯	쌓을	저:

赤	붉을	적	鐵	쇠	철	打	칠	타:	許	허락할	허
停	머무를	정	初	처음	초	卓	높을	탁	湖	호수	호
操	잡을	조(:)	最	가장	최:	炭	숯	탄:	患	근심	환:
終	마칠	종	祝	빌	축	板	널	판	黑	검을	흑
罪	허물	죄:	致	이를	치:	敗	패할	패:			
止	그칠	지	則	법칙	칙	河	물	하			
唱	부를	창:	他	다를	타	寒	찰	한			

☑ 5급 배정한자는 모두 500자로, 5급Ⅱ 배정한자(400자)를 제외한 100자만 담았습니다. 쓰기 배정한자는 6급 300자입니다.

4급 Ⅱ 배정한자(250자)

假	거짓	가:	係	맬	계:	努	힘쓸	노	斗	말	두
街	거리	가(:)	故	연고	고(:)	怒	성낼	노:	豆	콩	두
減	덜	감:	官	벼슬	관	單	홀	단	得	얻을	득
監	볼	감	句	글귀	구	斷	끊을	단:	燈	등	등
康	편안	강	求	구할(索)	구	檀	박달나무	단	羅	벌릴	라
講	욀	강:	究	연구할	구	端	끝	단	兩	두	량:
個	낱	개(:)	宮	집	궁	達	통달할	달	麗	고울	려
檢	검사할	검:	權	권세	권	擔	멜	담	連	이을	련
潔	깨끗할	결	極	다할	극	黨	무리	당	列	벌릴	렬
缺	이지러질	결		극진할	극	帶	띠	대(:)	錄	기록할	록
境	지경	경	禁	금할	금:	隊	무리	대	論	논할	론
慶	경사	경:	器	그릇	기	導	인도할	도:	留	머무를	류
經	지날	경	起	일어날	기	毒	독	독	律	법칙	률
	글	경	暖	따뜻할	난:	督	감독할	독	滿	찰	만:
警	깨우칠	경:	難	어려울	난(:)	銅	구리	동	脈	줄기	맥

毛	터럭	모
牧	칠(養)	목
務	힘쓸	무:
武	호반	무:
味	맛	미:
未	아닐	미(:)
密	빽빽할	밀
博	넓을	박
房	방	방
訪	찾을	방:
防	막을	방
拜	절	배:
背	등	배:
配	나눌	배:
	짝	배:
伐	칠(討)	벌
罰	벌할	벌
壁	벽	벽
邊	가(側)	변
保	지킬	보(:)
報	갚을	보:
	알릴	보:
寶	보배	보:

步	걸음	보:
復	회복할	복
	다시	부:
副	버금	부:
婦	며느리	부
富	부자	부:
府	마을[官廳]	부(:)
佛	부처	불
備	갖출	비:
悲	슬플	비:
非	아닐	비(:)
飛	날	비
貧	가난할	빈
寺	절	사
師	스승	사
舍	집	사
謝	사례할	사:
殺	죽일	살
	감할	쇄:
	빠를	쇄:
常	떳떳할	상
床	상	상
想	생각	상:

狀	형상	상
	문서	장:
設	베풀	설
城	재	성
星	별	성
盛	성할	성:
聖	성인	성:
聲	소리	성
誠	정성	성
勢	형세	세:
稅	세금	세:
細	가늘	세:
掃	쓸(掃除)	소(:)
笑	웃음	소:
素	본디	소(:)
	흴(白)	소(:)
俗	풍속	속
續	이을	속
送	보낼	송:
修	닦을	수
受	받을	수(:)
守	지킬	수
授	줄	수

收	거둘	수
純	순수할	순
承	이을	승
施	베풀	시:
是	이(斯)	시:
	옳을	시:
視	볼	시:
試	시험	시(:)
詩	시	시
息	쉴	식
申	납(猿)	신
深	깊을	심
眼	눈	안:
暗	어두울	암:
壓	누를	압
液	진	액
羊	양	양
如	같을	여
餘	남을	여
逆	거스릴	역
演	펼	연:
煙	연기	연
硏	갈	연:

榮	영화	영	將	장수	장(:)	尊	높을	존	忠	충성	충
藝	재주	예:	障	막을	장	宗	마루	종	蟲	벌레	충
誤	그르칠	오:	低	낮을	저:	走	달릴	주	取	가질	취:
玉	구슬	옥	敵	대적할	적	竹	대	죽	測	헤아릴	측
往	갈	왕:	田	밭	전	準	준할	준:	治	다스릴	치
謠	노래	요	絶	끊을	절	衆	무리	중:	置	둘(措)	치:
容	얼굴	용	接	이을	접	增	더할	증	齒	이	치
員	인원	원	政	정사(政事)	정	志	뜻	지	侵	침노할	침
圓	둥글	원	程	한도	정	指	가리킬	지	快	쾌할	쾌
爲	하	위(:)		길(道)	정	支	지탱할	지	態	모습	태:
	할	위(:)	精	정할	정	至	이를	지	統	거느릴	통:
衛	지킬	위	制	절제할	제:	職	직분	직	退	물러날	퇴:
肉	고기	육	提	끌	제	眞	참	진	波	물결	파
恩	은혜	은	濟	건널	제:	進	나아갈	진:	破	깨뜨릴	파:
陰	그늘	음	祭	제사	제:	次	버금	차	包	쌀(裹)	포(:)
應	응할	응:	製	지을	제:	察	살필	찰	布	베	포(:)
義	옳을	의:	除	덜	제	創	비롯할	창:		펼	포(:)
議	의논할	의(:)	際	즈음	제:	處	곳	처:		보시	보:
移	옮길	이		가(邊)	제:	請	청할	청	砲	대포	포:
益	더할	익	助	도울	조:	總	다(皆)	총:	暴	사나울	폭
印	도장	인	早	이를	조:	銃	총	총		모질	포:
引	끌	인	造	지을	조:	築	쌓을	축	票	표	표
認	알(知)	인	鳥	새	조	蓄	모을	축	豊	풍년	풍

限	한할	한:	虛	빌	허	呼	부를	호	回	돌아올	회
港	항구	항:	驗	시험	험:	好	좋을	호:	吸	마실	흡
航	배	항:	賢	어질	현	戶	집	호:	興	일(盛)	흥(:)
解	풀	해:	血	피	혈	護	도울	호:	希	바랄	희
鄕	시골	향	協	화할	협	貨	재물	화:			
香	향기	향	惠	은혜	혜:	確	굳을	확			

☑ 4급Ⅱ 배정한자는 모두 750자로, 5급 배정한자(500자)를 제외한 250자만을 담았습니다. 쓰기 배정한자는 5급Ⅱ 400자입니다.

사자성어(四字成語)

8급 사자성어

國民年金
나라 국 백성 민 해 년 쇠 금
일정 기간 또는 죽을 때까지 해마다 지급되는 일정액의 돈 (국민연금)

父母兄弟
아비 부 어미 모 형 형 아우 제
아버지·어머니·형·아우 라는 뜻으로, 가족을 이르는 말

生年月日
날 생 해 년 달 월 날 일
태어난 해와 달과 날

大韓民國
큰 대 한나라 한 백성 민 나라 국
우리나라의 국호(나라이름)

三三五五
석 삼 석 삼 다섯 오 다섯 오
서너 사람 또는 대여섯 사람이 떼를 지어 다니거나 무슨 일을 함

十中八九
열 십 가운데 중 여덟 팔 아홉 구
열 가운데 여덟이나 아홉 정도로 거의 대부분이거나 거의 틀림 없음

東西南北
동녘 동 서녘 서 남녘 남 북녘 북
동쪽·서쪽·남쪽·북쪽이 라는 뜻으로, 모든 방향을 이르는 말

7급 II 사자성어

南男北女
남녘 남 사내 남 북녘 북 계집 녀
우리나라에서, 남자는 남쪽 지방 사람이 잘나고 여자는 북쪽 지방 사람이 고움을 이르는 말

上下左右
윗 상 아래 하 왼 좌 오른 우
위·아래·왼쪽·오른쪽을 이르는 말로, 모든 방향을 이름

土木工事
흙 토 나무 목 장인 공 일 사
땅과 하천 따위를 고쳐 만드는 공사

四方八方
넉 사 모 방 여덟 팔 모 방
여기저기 모든 방향이나 방면

世上萬事
인간 세 윗 상 일만 만 일 사
세상에서 일어나는 온갖 일

八道江山
여덟 팔 길 도 강 강 메 산
팔도의 강산이라는 뜻으로, 우리나라 전체의 강산을 이르는 말

四海兄弟
넉 사 바다 해 형 형 아우 제
온 세상 사람이 모두 형제와 같다는 뜻으로, 친밀함을 이르는 말

人山人海
사람 인 메 산 사람 인 바다 해
사람이 수없이 많이 모인 상태를 이르는 말

7급 사자성어

男女老少
사내 남 계집 녀 늙을 로 적을 소
남자와 여자, 나이 든 사람과 젊은 사람이란 뜻으로 모든 사람을 이르는 말 (남녀노소)

百萬大軍
일백 백 일만 만 큰 대 군사 군
아주 많은 병사로 조직된 군대를 이르는 말

月下老人
달 월 아래 하 늙을 로 사람 인
부부의 인연을 맺어 준다는 전설상의 노인 (월하노인)

男中一色
사내 남 가운데 중 한 일 빛 색
남자의 얼굴이 썩 뛰어나게 잘 생김

不老長生
아닐 불 늙을 로 긴 장 날 생
늙지 아니하고 오래 삶

二八靑春
두 이 여덟 팔 푸를 청 봄 춘
16세 무렵의 꽃다운 청춘

東問西答
동녘 동 물을 문 서녘 서 대답 답
물음과는 전혀 상관없는 엉뚱한 대답

不立文字
아닐 불 설 립 글월 문 글자 자
불도의 깨달음은 마음에서 마음으로 전하는 것이므로 말이나 글에 의지하지 않는다는 말

一問一答
한 일 물을 문 한 일 대답 답
한 번 물음에 한 번 대답함

萬里長天
일만 만 마을 리 긴 장 하늘 천
아득히 높고 먼 하늘

山川草木
메 산 내 천 풀 초 나무 목
산과 내와 풀과 나무, 곧 자연을 이르는 말

一日三秋
한 일 날 일 석 삼 가을 추
하루가 삼 년 같다는 뜻으로, 몹시 애태우며 기다림을 이르는 말

名山大川
이름 명 메 산 큰 대 내 천
이름난 산과 큰 내

安心立命
편안 안 마음 심 설 립 목숨 명
하찮은 일에 흔들리지 않는 경지 (안심입명)

自問自答
스스로 자 물을 문 스스로 자 대답 답
스스로 묻고 스스로 대답함

自 生 植 物	산이나 들, 강이나 바다에서 저절로 나는 식물
스스로 자 날 생 심을 식 물건 물	

地 上 天 國	이 세상에서 이록되는 다시 없이 자유롭고 풍족하며 행복한 사회
따 지 윗 상 하늘 천 나라 국	

草 食 動 物	풀을 주로 먹고 사는 동물
풀 초 먹을 식 움직일 동 물건 물	

全 心 全 力	온 마음과 온 힘
온전 전 마음 심 온전 전 힘 력	

青 天 白 日	하늘이 맑게 갠 대낮
푸를 청 하늘 천 흰 백 날 일	

春 夏 秋 冬	봄·여름·가을·겨울의 사계절
봄 춘 여름 하 가을 추 겨울 동	

6급 II 사자성어

家 內 工 業	집안에서 단순한 기술과 도구로써 작은 규모로 생산하는 수공업
집 가 안 내 장인 공 업 업	

百 發 百 中	백 번 쏘아 백 번 맞힌다는 뜻으로, 총이나 활 따위를 쏠 때마다 겨눈 곳에 다 맞음을 이르는 말
일백 백 필 발 일백 백 가운데 중	

一 心 同 體	한마음 한 몸이라는 뜻으로, 서로 굳게 결합함을 이르는 말
한 일 마음 심 한가지 동 몸 체	

家 庭 教 育	가정의 일상생활 가운데 집안 어른들이 자녀들에게 주는 영향이나 가르침
집 가 뜰 정 가르칠 교 기를 육	

四 面 春 風	누구에게나 좋게 대하는 일
넉 사 낯 면 봄 춘 바람 풍	

一 日 三 省	하루에 세 가지 일로 자신을 되돌아보고 살핌
한 일 날 일 석 삼 살필 성	

各 人 各 色	사람마다 각기 다름
각각 각 사람 인 각각 각 빛 색	

山 戰 水 戰	세상의 온갖 고생과 어려움을 다 격었음을 이르는 말
메 산 싸움 전 물 수 싸움 전	

一 長 一 短	일면의 장점과 다른 일면의 단점을 통틀어 이르는 말
한 일 긴 장 한 일 짧을 단	

各 自 圖 生	제각기 살아 나갈 방법을 꾀함
각각 각 스스로 자 그림 도 날 생	

三 十 六 計	서른여섯 가지의 꾀, 많은 모계(謀計)의 이름 (삼십육계)
석 삼 열 십 여섯 륙 셀 계	

自 手 成 家	물려받은 재산이 없이 자기 혼자의 힘으로 집안을 일으키고 재산을 모음
스스로 자 손 수 이룰 성 집 가	

高 等 動 物	복잡한 체제를 갖춘 동물
높을 고 무리 등 움직일 동 물건 물	

世 界 平 和	전 세계가 평온하고 화목함
인간 세 지경 계 평평할 평 화할 화	

天 下 第 一	세상에 견줄 만한 것이 없이 최고임
하늘 천 아래 하 차례 제 한 일	

公 明 正 大	하는 일이나 행동이 사사로움이 없이 떳떳하고 바름
공평할 공 밝을 명 바를 정 큰 대	

時 間 問 題	이미 결과가 뻔하여 조만간 저절로 해결될 문제
때 시 사이 간 물을 문 제목 제	

清 風 明 月	맑은 바람과 밝은 달
맑을 청 바람 풍 밝을 명 달 월	

大 明 天 地	아주 환하게 밝은 세상
큰 대 밝을 명 하늘 천 따 지	

市 民 社 會	신분적 구속에 지배되지 않으며, 자유롭고 평등한 개인의 이성적 결합으로 이루어진 사회
저자 시 백성 민 모일 사 모일 회	

下 等 動 物	진화 정도가 낮아 몸의 구조가 단순한 원시적인 동물
아래 하 무리 등 움직일 동 물건 물	

門 前 成 市	찾아오는 사람이 많아 집 문 앞이 시장을 이루다시피 함을 이르는 말
문 문 앞 전 이룰 성 저자 시	

樂 山 樂 水	산과 물을 좋아한다는 것으로 즉 자연을 좋아함
좋아할 요 메 산 좋아할 요 물 수	

形 形 色 色	상과 빛깔 따위가 서로 다른 여러 가지
모양 형 모양 형 빛 색 빛 색	

百 年 大 計	먼 앞날까지 미리 내다보고 세우는 크고 중요한 계획
일백 백 해 년 큰 대 셀 계	

人 事 不 省	제 몸에 벌어지는 일을 모를 만큼 정신을 잃은 상태
사람 인 일 사 아닐 불 살필 성	

白 面 書 生	한갓 글만 읽고 세상일에는 전혀 경험이 없는 사람
흰 백 낯 면 글 서 날 생	

人 海 戰 術	우수한 화기보다 다수의 병력을 투입하여 적을 압도하는 전술
사람 인 바다 해 싸움 전 재주 술	

6급 사자성어

한자	뜻
高速道路 높을 고 빠를 속 길 도 길 로	차의 빠른 통행을 위하여 만든 차전용의 도로
百戰百勝 일백 백 싸움 전 일백 백 이길 승	싸울 때마다 다 이김
一朝一夕 한 일 아침 조 한 일 저녁 석	하루 아침과 하루 저녁이라는 뜻으로, 짧은 시일을 이르는 말
交通信號 사귈 교 통할 통 믿을 신 이름 호	교차로나 횡단보도, 건널목 따위에서 사람이나 차량이 질서 있게 길을 가도록 하는 기호나 등화(燈火)
別有天地 다를 별 있을 유 하늘 천 따 지	별세계, 딴 세상
子孫萬代 아들 자 손자 손 일만 만 대신 대	오래도록 내려오는 여러 대
九死一生 아홉 구 죽을 사 한 일 날 생	아홉 번 죽을 뻔하다 한 번 살아난다는 뜻으로, 죽을 고비를 여러 차례 넘기고 겨우 살아남을 이르는 말
不遠千里 아닐 불 멀 원 일천 천 마을 리	천리를 멀다 여기지 아니함
自由自在 스스로 자 말미암을 유 스스로 자 있을 재	거침없이 자기 마음대로 할 수 있음
男女有別 사내 남 계집 녀 있을 유 다를 별	남자와 여자 사이에 분별이 있어야 함을 이르는 말
父子有親 아비 부 아들 자 있을 유 친할 친	아버지와 아들 사이의 도리는 친애에 있음을 이름
作心三日 지을 작 마음 심 석 삼 날 일	단단히 먹은 마음이 사흘이 가지 못한다는 뜻으로, 결심이 굳지 못함을 이르는 말
代代孫孫 대신 대 대신 대 손자 손 손자 손	오래도록 내려오는 여러 대
生老病死 날 생 늙을 로 병 병 죽을 사	사람이 나고 늙고 병들고 죽는 네 가지 고통
電光石火 번개 전 빛 광 돌 석 불 화	번갯불이나 부싯돌의 불이 번쩍거리는 것과 같이 매우 짧은 시간이나 매우 재빠른 움직임 따위를 비유적으로 이르는 말
同苦同樂 한가지 동 쓸 고 한가지 공 즐거울 락	괴로움과 즐거움을 함께 함
生死苦樂 날 생 죽을 사 쓸 고 즐거울 락	삶과 죽음, 괴로움과 즐거움을 통틀어 이르는 말
晝夜長川 낮 주 밤 야 긴 장 내 천	밤낮으로 쉬지 아니하고 연달아
同生共死 한가지 동 날 생 한가지 공 죽을 사	서로 같이 살고 같이 죽음
新聞記者 새 신 들을 문 기록할 기 놈 자	신문에 실을 자료를 수집, 취재, 집필, 편집하는 사람
千萬多幸 일천 천 일만 만 많을 다 다행 행	아주 다행함
東西古今 동녘 동 서녘 서 예 고 이제 금	동양과 서양, 옛날과 지금을 통틀어 이르는 말
愛國愛族 사랑 애 나라 국 사랑 애 겨레 족	나라와 민족을 아낌
草綠同色 풀 초 푸를 록 한가지 동 빛 색	이름이 다르나 따지고 보면 한 가지 것이라는 말
同姓同本 한가지 동 성 성 한가지 동 근본 본	성(姓)과 본관이 모두 같음
野生動物 들 야 날 생 움직일 동 물건 물	산이나 들에서 저절로 나서 자라는 동물
特別活動 특별할 특 다를 별 살 활 움직일 동	학교 교육 과정에서 교과 학습 이외의 교육활동
同時多發 한가지 동 때 시 많을 다 필 발	연이어 일이 발생함
年中行事 해 년 가운데 중 다닐 행 일 사	해마다 일정한 시기를 정하여 놓고 하는 행사 (연중행사)
八方美人 여덟 팔 모 방 아름다울 미 사람 인	어느 모로 보나 아름다운 사람이라는 뜻으로, 여러 방면에 능통한 사람
萬國信號 일만 만 나라 국 믿을 신 이름 호	배와 배 사이 또는 배와 육지 사이의 연락을 위하여 국제적으로 쓰는 신호
英才敎育 꽃부리 영 재주 재 가르칠 교 기를 육	천재아의 재능을 훌륭하게 발전시키기 위한 특수교육
行方不明 다닐 행 모 방 아닐 불 밝을 명	간 곳이나 방향을 모름
百萬長者 일백 백 일만 만 긴 장 놈 자	재산이 매우 많은 사람 또는 아주 큰 부자
人命在天 사람 인 목숨 명 있을 재 하늘 천	사람의 목숨은 하늘에 달려 있다는 말
花朝月夕 꽃 화 아침 조 달 월 저녁 석	꽃 피는 아침과 달 밝은 밤이라는 뜻으로, 경치가 좋은 시절을 이르는 말
白衣民族 흰 백 옷 의 백성 민 겨레 족	흰옷을 입은 민족이라는 뜻으로, '한민족'을 이르는 말
一口二言 한 일 입 구 두 이 말씀 언	한 입으로 두 말을 한다는 뜻으로, 한 가지 일에 대하여 말을 이랬다 저랬다 함을 이르는 말
訓民正音 가르칠 훈 백성 민 바를 정 소리 음	백성을 가르치는 바른 소리라는 뜻으로, 1443년에 세종대왕이 창제한 우리나라 글자를 이르는 말

5급 Ⅱ 사자성어

見 物 生 心 볼 견 물건 물 날 생 마음 심	물건을 보면 그 물건을 가지고 싶은 생각이 듦	聞 一 知 十 들을 문 한 일 알 지 열 십	하나를 들으면 열을 앎	雨 順 風 調 비 우 순할 순 바람 풍 고를 조	비가 오고 바람이 부는 것이 때와 분량이 알맞음
決 死 反 對 결단할 결 죽을 사 돌이킬 반 대할 대	죽기를 각오하고 있는 힘을 다하여 반대함	奉 仕 活 動 받들 봉 벼슬할 사 살 활 움직일 동	국가나 사회 또는 남을 위하여 자신을 돌보지 아니하고 힘을 바쳐 애씀	以 實 直 告 써 이 열매 실 곧을 직 알릴 고	사실 그대로 고함
敬 老 孝 親 공경 경 늙을 로 효도 효 친할 친	어른을 공경하고 부모에게 효도함	父 傳 子 傳 아비 부 전할 전 아들 자 전할 전	아버지가 아들에게 대대로 전함	以 心 傳 心 써 이 마음 심 전할 전 마음 심	마음에서 마음으로 뜻을 전함
敬 天 愛 人 공경 경 하늘 천 사랑 애 사람 인	하늘을 공경하고 사람을 사랑함	北 窓 三 友 북녘 북 창 창 석 삼 벗 우	거문고, 술, 시를 아울러 이르는 말	人 相 着 衣 사람 인 서로 상 붙을 착 옷 의	사람의 생김새와 옷차림
敎 學 相 長 가르칠 교 배울 학 서로 상 긴 장	남을 가르치는 일과 스승에게서 배우는 일이 서로 도와서 자기의 학문을 길러 줌	士 農 工 商 선비 사 농사 농 장인 공 헤아릴 상	예전에 백성을 나누던 네 가지 계급. 선비, 농부, 공장(工匠), 상인을 이르던 말	自 古 以 來 스스로 자 옛 고 써 이 올 래	예로부터 지금까지의 과정
能 小 能 大 능할 능 작을 소 능할 능 큰 대	작은 일에도 능하고 큰 일에도 능하다는 데서 모든 일에 두루 능함을 이르는 말	事 親 以 孝 일 사 친할 친 써 이 효도 효	어버이를 섬기기를 효도로써 함을 이름	全 知 全 能 온전 전 알 지 온전 전 능할 능	어떠한 사물이라도 잘 알고, 모든 일을 다 수행할 수 있는 신불(神佛)의 능력
多 才 多 能 많을 다 재주 재 많을 다 능할 능	재능이 많다는 말	生 面 不 知 날 생 낯 면 아닌가 부 알 지	서로 한 번도 만난 적이 없어서 전혀 알지 못하는 사람	主 客 一 體 주인 주 손 객 한 일 몸 체	주인과 손이 한 몸이라는 데서, 나와 나 밖의 대상이 하나가 됨을 말함
多 情 多 感 많을 다 뜻 정 많을 다 느낄 감	감수성이 예민하고 느끼는 바가 많음	速 戰 速 決 빠를 속 싸울 전 빠를 속 터질 결	싸움을 오래 끌지 아니하고 빨리 몰아쳐 이기고 짐을 결정함	知 行 合 一 알 지 ·다닐 행 합할 합 한 일	지식과 행동이 서로 맞음
大 同 團 結 큰 대 한가지 동 둥글 단 맺을 결	여러 집단이나 사람이 어떤 목적을 이루려고 크게 한 덩어리로 뭉침	十 年 知 己 열 십 해 년 알 지 자기 기	오래전부터 친히 사귀어 잘 아는 사람	靑 山 流 水 푸를 청 메 산 흐를 류 물 수	푸른 산에 맑은 물이라는 뜻으로, 막힘없이 썩 잘하는 말을 비유적으로 이르는 말 (청산유수)
大 書 特 筆 큰 대 글 서 특별할 특 붓 필	신문 따위의 출판물에서 어떤 기사에 큰 비중을 두어 다룸을 이르는 말	安 分 知 足 편안할 안 나눌 분 알 지 발 족	제 분수를 지키고 만족할 줄을 앎	風 待 歲 月 바람 풍 기다릴 대 해 세 달 월	아무리 바라고 기다려도 실현될 가능성이 없는
同 化 作 用 한가지 동 될 화 지을 작 쓸 용	외부에서 섭취한 에너지원을 자체의 고유한 성분으로 변화시키는 일	良 藥 苦 口 좋을 량 약 약 쓸 고 입 구	좋은 약은 입에 쓰나 병에 이롭다는 뜻으로 충언(忠言)은 귀에 거슬리나 자신에게 이로움을 이르는 말 (양약고구)		
萬 古 不 變 일만 만 예 고 아닐 불 변할 변	오랜 세월을 두고 변하지 않음	語 不 成 說 말씀 어 아닐 불 이룰 성 말씀 설	말이 조금도 이치에 맞지 않음을 말함		

5급 사자성어

去 者 必 反 갈 거 놈 자 반드시 필 되돌릴 반	떠난 자는 반드시 돌아옴

思 考 方 式 생각할 사 상고할 고 모 방 법 식	어떤 문제에 대해 생각하고 궁리하는 방법이나 태도

自 給 自 足 스스로 자 줄 급 스스로 자 발 족	필요한 물자를 스스로 생산하여 충당함

格 物 致 知 격식 격 물건 물 이를 치 알 지	사물의 이치를 연구하여 자기의 지식을 확고하게 함

事 事 件 件 일 사 일 사 사건 건 사건 건	해당되는 모든 일 또는 온갖 사건

前 無 後 無 앞 전 없을 무 뒤 후 없을 무	전에도 없었고 후에도 없음

過 失 相 規 지날 과 잃을 실 서로 상 법 규	나쁜 행실을 하지 못하도록 서로 규제함

事 實 無 根 일 사 열매 실 없을 무 뿌리 근	근거가 없음 또는 터무니없음

戰 爭 英 雄 싸움 전 다툴 쟁 꽃부리 영 수컷 웅	전쟁에 뛰어나고 용맹하여 보통 사람이 하기 어려운 일을 해내는 사람

今 始 初 聞 이제 금 때 시 처음 초 들을 문	이제야 비로소 처음으로 들음

三 寒 四 溫 석 삼 찰 한 넉 사 따뜻할 온	7일을 주기로 사흘 동안 춥고 나흘 동안 따뜻함

朝 變 夕 改 아침 조 변할 변 저녁 석 고칠 개	아침저녁으로 뜯어 고침, 곧 일을 자주 뜯어고침

落 木 寒 天 떨어질 락 나무 목 찰 한 하늘 천	낙엽 진 나무와 차가운 하늘, 곧 추운 겨울철 (낙목한천)

善 男 善 女 착할 선 사내 남 착할 선 계집 녀	성품이 착한 남자와 여자란 뜻으로, 착하고 어진 사람들을 이르는 말

知 過 必 改 알 지 지날 과 반드시 필 고칠 개	자신이 한 일의 잘못을 알면 반드시 고쳐야 함

落 花 流 水 떨어질 락 꽃 화 흐를 류 물 수	꽃과 흐르는 물, 가는 봄의 경치, 남녀 사이에 서로 그리는 정이 있다는 비유로도 쓰임 (낙화유수)

善 人 善 果 착할 선 사람 인 착할 선 실과 과	선업을 쌓으면 반드시 좋은 과보가 따름

天 災 地 變 하늘 천 재앙 재 따 지 변할 변	지진, 홍수, 태풍 따위의 자연 현상으로 인한 재앙

馬 耳 東 風 말 마 귀 이 동녘 동 바람 풍	남의 말을 귀담아 듣지 않고 흘려 버림

言 文 一 致 말씀 언 글월 문 한 일 이를 치	실제로 쓰는 말과 그 말을 적은 글이 일치함

秋 風 落 葉 가을 추 바람 풍 떨어질 락 잎 엽	가을바람에 흩어져 떨어지는 낙엽, 세력 같은 것이 일순간에 실추됨을 비유함 (추풍낙엽)

無 男 獨 女 없을 무 사내 남 홀로 독 계집 녀	아들이 없는 집안의 외동딸

言 行 一 致 말씀 언 다닐 행 한 일 이를 치	말과 행동이 서로 같음

敗 家 亡 身 패할 패 집 가 망할 망 몸 신	집안의 재산을 다 써 없애고 몸을 망침

無 不 通 知 없을 무 아닐 불 통할 통 알 지	무엇이든지 환히 통하여 모르는 것이 없음

勇 氣 百 倍 날랠 용 기운 기 일백 백 곱 배	격려나 응원 따위에 자극을 받아 힘이나 용기를 더 냄

海 水 浴 場 바다 해 물 수 목욕할 욕 마당 장	해수욕을 할 수 있는 환경과 시설이 갖추어진 바닷가

百 年 河 清 일백 백 해 년 강이름 하 맑을 청	아무리 오래 기다려도 어떤 일이 이루어지기 어려움을 이름

有 口 無 言 있을 유 입 구 없을 무 말씀 언	입은 있으나 말이 없다는 뜻으로, 변명할 말이 없거나 변명을 하지 못함을 이름

行 動 擧 止 갈 행 움직일 동 들 거 발 지	몸을 움직여 하는 모든 짓

不 問 可 知 아닐 불 물을 문 옳을 가 알 지	묻지 않아도 알 수 있음

有 名 無 實 있을 유 이름 명 없을 무 열매 실	명목만 있고 실상은 없음

凶 惡 無 道 흉할 흉 악할 악 없을 무 길 도	성질이 거칠고 사나우며 도의심이 없음

不 問 曲 直 아닐 불 물을 문 굽을 곡 곧을 직	옳고 그른 것을 묻지 않고 다짜고짜로

耳 目 口 鼻 귀 이 눈 목 입 구 코 비	귀·눈·입·코를 아울러 이르는 말

氷 山 一 角 얼음 빙 뫼 산 한 일 뿔 각	아주 많은 것 중에 조그마한 부분

一 字 無 識 한 일 글자 자 없을 무 알 식	글자를 한 자도 모를 정도로 무식함

4급 II 사자성어

사자성어	뜻
家 家 戶 戶 집 가 집 가 집 호 집 호	집집마다
角 者 無 齒 뿔 각 사람 자 없을 무 이 치	뿔이 있는 짐승은 이가 없다는 뜻으로, 한 사람이 여러 가지 재주나 복을 다 가질 수 없다는 말
江 湖 煙 波 강 강 호수 호 연기 연 물결 파	강이나 호수 위에 안개처럼 뽀얗게 이는 기운
見 利 思 義 볼 견 이할 리 생각 사 옳을 의	눈 앞에 이익이 보일 때 의리를 먼저 생각함
結 草 報 恩 맺을 결 풀 초 갚을 보 은혜 은	죽은 뒤에라도 은혜를 잊지 않고 갚음을 이르는 말
經 世 濟 民 날 경 대 세 건널 제 백성 민	세상을 다스리고 백성을 구함
公 前 絶 後 공평할 공 앞 전 끊을 절 뒤 후	전에도 없었고 앞으로도 없을 일
九 牛 一 毛 아홉 구 소 우 한 일 털 모	매우 많은 것 가운데 극히 적은 수를 이르는 말
權 不 十 年 권세 권 아닐 불 열 십 해 년	권세가 10년을 가지 못함
極 惡 無 道 다할 극 악할 악 없을 무 길 도	지극히 악하고도 도의심이 없음
起 死 回 生 일어날 기 죽을 사 돌아올 회 날 생	죽을 뻔하다가 다시 살아남
難 兄 難 弟 어려울 난 형 형 어려울 난 아우 제	두 사물이 비슷하여 낫고 못함을 정하기 어려움을 이르는 말
怒 發 大 發 성낼 노 쏠 발 큰 대 쏠 발	크게 성을 냄

사자성어	뜻
論 功 行 賞 논할 론 공 공 다닐 행 상줄 상	세운 공을 논정하여 상을 줌 (논공행상)
多 多 益 善 많을 다 많을 다 더할 익 착할 선	많으면 많을수록 더욱 좋음
多 聞 博 識 많을 다 들을 문 넓을 박 알 식	견문이 넓고 학식이 많음
大 義 名 分 큰 대 옳을 의 이름 명 나눌 분	사람으로서 마땅히 지키고 행하여야 할 도리나 본분
獨 不 將 軍 홀로 독 아닐 불 장수 장 군사 군	남의 의견을 무시하고 저 혼자 모든 일을 처리함
得 意 滿 面 얻을 득 뜻 의 찰 만 낯 면	일이 뜻대로 이루어져 기쁜 표정이 얼굴에 가득함
燈 下 不 明 등 등 아래 하 아닐 불 밝을 명	등잔 밑이 어둡다는 뜻으로 가까이 있는 것이 오히려 알아내기가 어려움을 이르는 말
燈 火 可 親 등 등 불 화 옳을 가 친할 친	서늘한 가을 밤은 등불을 가까이 하여 글 읽기에 좋음을 이르는 말
無 所 不 爲 없을 무 바 소 아닐 불 할 위	하지 못하는 일이 없음
文 房 四 友 글월 문 방 방 넉 사 벗 우	종이, 붓, 먹, 벼루의 네 가지 문방구
美 風 良 俗 아름다울 미 바람 풍 어질 량 풍속 속	아름답고 좋은 풍속이나 기풍 (미풍양속)
博 學 多 識 넓을 박 배울 학 많을 다 알 식	학식이 넓고 아는 것이 많음
百 戰 老 將 일백 백 싸움 전 늙을 로 장수 장	수많은 싸움을 치른 노련한 장수, 세상의 온갖 풍파를 다 겪은 사람을 비유(백전노장)

사자성어	뜻
百 害 無 益 일백 백 해할 해 없을 무 더할 익	해롭기만 하고 조금도 이로울 것이 없음
富 貴 在 天 부자 부 귀할 귀 있을 재 하늘 천	부귀는 하늘에 달려 있어서 인력으로는 어찌할 수 없다는 뜻
夫 婦 有 別 지아비 부 며느리 부 있을 유 다를 별	남편과 아내 사이의 도리는 서로 침범하지 않음에 있음
非 一 非 再 아닐 비 한 일 아닐 비 두 재	같은 현상이나 일이 한두 번이나 한둘이 아니고 많음
貧 者 一 燈 가난할 빈 놈 자 한 일 등잔 등	가난한 사람의 등 하나가 부자의 많은 등보다 더 소중함을 이름
死 生 決 斷 죽을 사 날 생 결단할 결 끊을 단	죽음을 각오하고 대들어 끝장냄
四 通 五 達 넉 사 통할 통 다섯 오 통달할 달	길이나 교통망, 통신망 등이 사방으로 막힘없이 통함
生 不 如 死 살 생 아닐 불 같을 여 죽을 사	삶이 죽음만 같지 못하다는 말로, 매우 곤경에 처해 있음을 알리는 말
說 往 說 來 말씀 설 갈 왕 말씀 설 올 래	서로 자신의 주장을 내세우며 옥신각신하는 것을 말함
歲 時 風 俗 해 세 때 시 바람 풍 풍속 속	예로부터 해마다 관례로서 행하여지는 전승적 행사
是 是 非 非 옳을 시 옳을 시 아닐 비 아닐 비	여러 가지 잘잘못
始 終 如 一 비로소 시 마칠 종 같을 여 한 일	처음부터 끝까지 한결 같아서 변함 없음
信 賞 必 罰 믿을 신 상줄 상 반드시 필 벌할 벌	상과 벌을 공정하게 하는 일을 이르는 말

實 事 求 是	사실에 토대를 두어 진리를 탐구하는 일
열매 실 일 사 구할 구 이 시	

安 貧 樂 道	가난한 생활을 하면서도 편안한 마음으로 도를 즐겨 지킴 (안빈낙도)
편안 안 가난할 빈 즐거울 락 길 도	

眼 下 無 人	눈 아래에 사람이 없다는 뜻으로, 방자하고 교만하여 다른 사람을 업신여김을 이르는 말
눈 안 아래 하 없을 무 사람 인	

弱 肉 強 食	약한 놈이 강한 놈에게 먹힘
약할 약 고기 육 강할 강 억을 식	

魚 東 肉 西	제사음식을 차릴 때, 생선은 동쪽에 고기는 서쪽에 놓는 것
물고기 어 동녘 동 고기 육 서녘 서	

言 語 道 斷	말할 길이 끊어졌다는 뜻으로, 어이가 없어서 말하려 해도 말할 수 없음을 이르는 말
말씀 언 말씀 어 길 도 끊을 단	

如 出 一 口	여러 사람의 말이 한결같이 같음
같을 여 날 출 한 일 입 구	

連 戰 連 勝	싸울 때마다 계속하여 이김 (연전연승)
이을 련 싸움 전 이을 련 이길 승	

溫 故 知 新	옛것을 익히고 그것을 미루어서 새것을 앎
따뜻할 온 연고 고 알 지 새 신	

右 往 左 往	이리저리 왔다 갔다 하며 일이 나아가는 방향을 종잡지 못함
오른 우 갈 왕 왼 좌 갈 왕	

牛 耳 讀 經	쇠귀에 경 읽기라는 뜻으로, 아무리 가르치고 일러 주어도 알아듣지 못함을 이르는 말
소 우 귀 이 읽을 독 글 경	

月 態 花 容	아름다운 여인의 얼굴과 맵시를 이르는 말
달 월 모습 태 꽃 화 얼굴 용	

有 備 無 患	미리 준비가 되어 있으면 걱정할 것이 없음
있을 유 갖출 비 없을 무 근심 환	

以 熱 治 熱	열로써 열을 다스림
써 이 더울 열 다스릴 치 더울 열	

二 律 背 反	서로 모습이 양립할 수 없는 두 개의 명제 (이율배반)
두 이 법칙 률 등 배 돌이킬 반	

因 果 應 報	좋은 일에는 좋은 결과가, 나쁜 일에는 나쁜 결과가 따름
인할 인 실과 과 응할 응 갚을 보	

人 死 留 名	사람은 죽어서 이름을 남긴다는 말 (인사유명)
사람 인 죽을 사 머무를 류 이름 명	

人 生 無 常	인생이 덧없음
사람 인 날 생 없을 무 떳떳할 상	

一 擧 兩 得	한 가지 일을 하여 두 가지 이익을 얻음 (일거양득)
한 일 들 거 두 량 얻을 득	

一 脈 相 通	하나의 맥락으로 서로 통한다는 데서 솜씨나 성격 등이 서로 비슷함을 말함
한 일 줄기 맥 서로 상 통할 통	

一 石 二 鳥	돌 한 개를 던져 새 두 마리를 잡는다는 뜻으로, 동시에 두 가지 이득을 봄을 이르는 말
한 일 돌 석 두 이 새 조	

一 言 半 句	한 마디의 말과 한 구의 반, 아주 짧은 말이나 글귀
한 일 말씀 언 반 반 글귀 구	

一 依 帶 水	한 줄기 좁은 강물이나 바닷물
한 일 의지할 의 띠 대 물 수	

一 波 萬 波	하나의 물결이 수많은 물결이 된다는 데서, 하나의 사건이 여러 가지로 자꾸 확대되는 것을 말함
한 일 물결 파 일만 만 물결 파	

自 強 不 息	스스로 힘써 몸과 마음을 가다듬어 쉬지 아니함
스스로 자 강할 강 아닐 불 쉴 식	

自 業 自 得	자기가 저지른 일의 결과를 자기가 받음
스스로 자 업 업 스스로 자 얻을 득	

自 初 至 終	처음부터 끝까지의 과정
스스로 자 처음 초 이를 지 끝날 종	

前 代 未 聞	이제까지 들어본 적이 없는 일
앞 전 대신 대 아닐 미 들을 문	

種 豆 得 豆	콩 심은데 콩 난다는 말
씨 종 콩 두 얻을 득 콩 두	

竹 馬 故 友	대말을 타고 놀던 벗이라는 뜻으로, 어릴 때부터 같이 놀며 자란 벗
대나무 죽 말 마 연고 고 벗 우	

衆 口 難 防	뭇사람의 말을 막기가 어렵다는 뜻으로, 막기 어려울 정도로 여럿이 마구 지껄임을 이르는 말
무리 중 입 구 어려울 난 막을 방	

至 誠 感 天	지극한 정성에 하늘이 감동함
이를 지 정성 성 느낄 감 하늘 천	

進 退 兩 難	이러지도 저러지도 못하는 어려운 처지 (진퇴양난)
나아갈 진 물러날 퇴 두 량 어려울 난	

天 人 共 怒	하늘과 사람이 함께 노한다는 뜻으로, 누구나 분노할 만큼 증오스럽거나 도저히 용납할 수 없음을 이르는 말
하늘 천 사람 인 한가지 공 성낼 노	

寸 鐵 殺 人	간단한 말로도 남을 감동시키거나 남의 약점을 찌를 수 있음을 이르는 말
마디 촌 쇠 철 죽일 살 사람 인	

出 將 入 相	문무를 겸비하여 장상의 벼슬을 모두 지낸 사람
날 출 장수 장 들 입 서로 상	

忠 言 逆 耳	충직한 말은 귀에 거슬림
충성 충 말씀 언 거스릴 역 귀 이	

卓 上 空 論	현실성이 없는 허황한 이론이나 논의
높을 탁 윗 상 빌 공 논할 론	

風 前 燈 火	사물이 매우 위태로운 처지에 놓여 있음을 비유적으로 이르는 말
바람 풍 앞 전 등 등 불 화	

好 衣 好 食	좋은 옷과 맛있는 음식이란 뜻에서 잘 입고 잘 먹는 것을 말함
좋을 호 옷 의 좋을 호 먹을 식	

呼 兄 呼 弟	서로 형이니 아우니 하고 부른다는 뜻으로, 매우 가까운 친구로 지냄을 이르는 말
부를 호 형 형 부를 호 아우 제	

加(가) 5급	↔	減(감) 4급Ⅱ	敎(교) 8급	↔	習(습) 6급	當(당) 5급Ⅱ	↔	落(락) 5급
加(가) 5급	↔	除(제) 4급Ⅱ	敎(교) 8급	↔	學(학) 8급	大(대) 8급	↔	小(소) 8급
江(강) 7급Ⅱ	↔	山(산) 8급	今(금) 6급Ⅱ	↔	古(고) 6급	都(도) 5급	↔	農(농) 7급Ⅱ
强(강) 6급	↔	弱(약) 6급Ⅱ	起(기) 4급Ⅱ	↔	結(결) 5급Ⅱ	東(동) 8급	↔	西(서) 8급
去(거) 5급	↔	來(래) 7급	吉(길) 5급	↔	凶(흉) 5급Ⅱ	動(동) 7급Ⅱ	↔	止(지) 5급
去(거) 5급	↔	留(류) 4급Ⅱ	男(남) 7급Ⅱ	↔	女(녀) 8급	冬(동) 7급	↔	夏(하) 7급
輕(경) 5급	↔	重(중) 7급	南(남) 8급	↔	北(북) 8급	得(득) 4급Ⅱ	↔	失(실) 6급
京(경) 6급	↔	鄕(향) 4급Ⅱ	來(내) 7급	↔	去(거) 5급	登(등) 7급	↔	落(락) 5급
古(고) 6급	↔	今(금) 6급Ⅱ	來(내) 7급	↔	往(왕) 4급Ⅱ	賣(매) 5급	↔	買(매) 5급
苦(고) 6급	↔	樂(락) 6급Ⅱ	內(내) 7급Ⅱ	↔	外(외) 8급	明(명) 6급Ⅱ	↔	暗(암) 4급Ⅱ
高(고) 6급Ⅱ	↔	落(락) 5급	冷(냉) 5급	↔	暖(난) 4급Ⅱ	母(모) 8급	↔	子(자) 7급Ⅱ
高(고) 6급Ⅱ	↔	低(저) 4급Ⅱ	冷(냉) 5급	↔	熱(열) 5급	問(문) 7급	↔	答(답) 7급Ⅱ
高(고) 6급Ⅱ	↔	下(하) 7급Ⅱ	冷(냉) 5급	↔	溫(온) 6급	文(문) 7급	↔	武(무) 4급Ⅱ
曲(곡) 5급	↔	直(직) 7급Ⅱ	勞(노) 5급Ⅱ	↔	使(사) 6급	物(물) 7급Ⅱ	↔	心(심) 7급
功(공) 6급Ⅱ	↔	過(과) 5급Ⅱ	老(노) 7급	↔	少(소) 7급	美(미) 6급	↔	惡(악) 5급Ⅱ
空(공) 7급Ⅱ	↔	陸(륙) 5급Ⅱ	多(다) 6급	↔	少(소) 7급	民(민) 8급	↔	官(관) 4급Ⅱ
功(공) 6급Ⅱ	↔	罪(죄) 5급	斷(단) 4급Ⅱ	↔	續(속) 4급Ⅱ	班(반) 6급Ⅱ	↔	常(상) 4급Ⅱ
官(관) 4급Ⅱ	↔	民(민) 8급	短(단) 6급Ⅱ	↔	長(장) 8급	發(발) 6급Ⅱ	↔	着(착) 5급Ⅱ

方(방) 7급II	↔	圓(원) 4급II	上(상) 7급II	↔	下(하) 7급II	始(시) 6급II	↔	終(종) 5급
背(배) 4급II	↔	向(향) 6급	生(생) 8급	↔	死(사) 6급	新(신) 6급II	↔	古(고) 6급
白(백) 8급	↔	黑(흑) 5급	生(생) 8급	↔	殺(살) 4급II	新(신) 6급II	↔	舊(구) 5급II
本(본) 6급	↔	末(말) 5급	善(선) 5급	↔	惡(악) 5급II	臣(신) 5급II	↔	民(민) 8급
父(부) 8급	↔	母(모) 8급	先(선) 8급	↔	後(후) 7급II	身(신) 6급II	↔	心(심) 7급
夫(부) 7급	↔	婦(부) 4급II	成(성) 6급II	↔	敗(패) 5급	失(실) 6급	↔	得(득) 4급II
父(부) 8급	↔	子(자) 7급II	細(세) 4급II	↔	大(대) 8급	心(심) 7급	↔	身(신) 6급II
北(북) 8급	↔	南(남) 8급	續(속) 4급II	↔	斷(단) 4급II	心(심) 7급	↔	體(체) 6급II
分(분) 6급II	↔	合(합) 6급	送(송) 4급II	↔	受(수) 4급II	愛(애) 6급	↔	惡(오) 5급II
悲(비) 4급II	↔	樂(락) 6급II	受(수) 4급II	↔	給(급) 5급	陽(양) 6급	↔	陰(음) 4급II
貧(빈) 4급II	↔	富(부) 4급II	收(수) 4급II	↔	給(급) 5급	言(언) 6급	↔	文(문) 7급
氷(빙) 5급	↔	炭(탄) 5급	水(수) 8급	↔	陸(륙) 5급II	言(언) 6급	↔	行(행) 6급
士(사) 5급II	↔	民(민) 8급	授(수) 4급II	↔	受(수) 4급II	玉(옥) 4급II	↔	石(석) 6급
死(사) 6급	↔	生(생) 8급	手(수) 7급II	↔	足(족) 7급II	溫(온) 6급	↔	冷(랭) 5급
師(사) 4급II	↔	弟(제) 8급	收(수) 4급II	↔	支(지) 4급II	往(왕) 4급II	↔	來(래) 7급
死(사) 6급	↔	活(활) 7급II	水(수) 8급	↔	火(화) 8급	往(왕) 4급II	↔	復(복) 4급II
山(산) 8급	↔	海(해) 7급II	順(순) 5급II	↔	逆(역) 4급II	右(우) 7급II	↔	左(좌) 7급II
殺(살) 4급II	↔	活(활) 7급II	勝(승) 6급	↔	敗(패) 5급	遠(원) 6급	↔	近(근) 6급
常(상) 4급II	↔	班(반) 6급II	始(시) 6급II	↔	末(말) 5급	月(월) 8급	↔	日(일) 8급
賞(상) 5급	↔	罰(벌) 4급II	是(시) 4급II	↔	非(비) 4급II	有(유) 7급	↔	無(무) 5급

陸(육) 5급Ⅱ	↔	海(해) 7급Ⅱ	祖(조) 7급	↔	孫(손) 6급	敗(패) 5급	↔	興(흥) 4급Ⅱ

陸(육) 5급Ⅱ	↔	海(해) 7급Ⅱ	祖(조) 7급	↔	孫(손) 6급	敗(패) 5급	↔	興(흥) 4급Ⅱ
陰(음) 4급Ⅱ	↔	陽(양) 6급	朝(조) 6급	↔	野(야) 6급	豊(풍) 4급Ⅱ	↔	凶(흉) 5급Ⅱ
利(이) 6급Ⅱ	↔	害(해) 5급Ⅱ	終(종) 5급	↔	始(시) 6급Ⅱ	夏(하) 7급	↔	冬(동) 7급
因(인) 5급	↔	果(과) 6급Ⅱ	左(좌) 7급Ⅱ	↔	右(우) 7급Ⅱ	寒(한) 5급	↔	暖(란) 4급Ⅱ
日(일) 8급	↔	月(월) 8급	罪(죄) 5급	↔	罰(벌) 4급Ⅱ	寒(한) 5급	↔	熱(열) 5급
入(입) 7급	↔	落(락) 5급	主(주) 7급	↔	客(객) 5급Ⅱ	寒(한) 5급	↔	溫(온) 6급
入(입) 7급	↔	出(출) 7급	晝(주) 6급	↔	夜(야) 6급	海(해) 7급Ⅱ	↔	空(공) 7급Ⅱ
子(자) 7급Ⅱ	↔	女(녀) 8급	重(중) 7급	↔	輕(경) 5급	海(해) 7급Ⅱ	↔	陸(륙) 5급Ⅱ
子(자) 7급Ⅱ	↔	母(모) 8급	中(중) 8급	↔	外(외) 8급	向(향) 6급	↔	背(배) 4급Ⅱ
自(자) 7급Ⅱ	↔	他(타) 5급	增(증) 4급Ⅱ	↔	減(감) 4급Ⅱ	虛(허) 4급Ⅱ	↔	實(실) 5급Ⅱ
昨(작) 6급Ⅱ	↔	今(금) 6급Ⅱ	知(지) 5급Ⅱ	↔	行(행) 6급	兄(형) 8급	↔	弟(제) 8급
長(장) 8급	↔	短(단) 6급Ⅱ	眞(진) 4급Ⅱ	↔	假(가) 4급Ⅱ	好(호) 4급Ⅱ	↔	惡(오) 5급Ⅱ
將(장) 4급Ⅱ	↔	兵(병) 5급Ⅱ	進(진) 4급Ⅱ	↔	退(퇴) 4급Ⅱ	呼(호) 4급Ⅱ	↔	吸(흡) 4급Ⅱ
將(장) 4급Ⅱ	↔	士(사) 5급Ⅱ	集(집) 6급Ⅱ	↔	配(배) 4급Ⅱ	和(화) 6급Ⅱ	↔	戰(전) 6급Ⅱ
將(장) 4급Ⅱ	↔	卒(졸) 5급Ⅱ	着(착) 5급Ⅱ	↔	發(발) 6급Ⅱ	活(활) 7급Ⅱ	↔	殺(살) 4급Ⅱ
前(전) 7급Ⅱ	↔	後(후) 7급Ⅱ	天(천) 7급	↔	地(지) 7급	後(후) 7급Ⅱ	↔	先(선) 8급
正(정) 7급Ⅱ	↔	反(반) 6급Ⅱ	春(춘) 7급	↔	秋(추) 7급	凶(흉) 5급Ⅱ	↔	吉(길) 5급
正(정) 7급Ⅱ	↔	副(부) 4급Ⅱ	出(출) 7급	↔	缺(결) 4급Ⅱ	凶(흉) 5급Ⅱ	↔	豊(풍) 4급Ⅱ
正(정) 7급Ⅱ	↔	誤(오) 4급Ⅱ	出(출) 7급	↔	入(입) 7급	黑(흑) 5급	↔	白(백) 8급
弟(제) 8급	↔	兄(형) 8급	忠(충) 4급Ⅱ	↔	逆(역) 4급Ⅱ	興(흥) 4급Ⅱ	↔	亡(망) 5급
朝(조) 6급	↔	夕(석) 7급	炭(탄) 5급	↔	氷(빙) 5급	興(흥) 4급Ⅱ	↔	敗(패) 5급

加重(가중) 5급 7급	↔	輕減(경감) 5급 4급Ⅱ	斷絶(단절) 4급Ⅱ 4급Ⅱ	↔	連結(연결) 4급Ⅱ 5급Ⅱ	相對(상대) 5급Ⅱ 6급Ⅱ	↔ 絶對(절대) 4급Ⅱ 6급Ⅱ
間接(간접) 7급Ⅱ 4급Ⅱ	↔	直接(직접) 7급Ⅱ 4급Ⅱ	當番(당번) 5급Ⅱ 6급	↔	非番(비번) 4급Ⅱ 6급	生花(생화) 8급 7급	↔ 造花(조화) 4급Ⅱ 7급
減産(감산) 4급Ⅱ 5급Ⅱ	↔	增産(증산) 4급Ⅱ 5급Ⅱ	對話(대화) 6급Ⅱ 7급Ⅱ	↔	獨白(독백) 5급Ⅱ 8급	成功(성공) 6급Ⅱ 6급Ⅱ	↔ 失敗(실패) 6급 5급
感性(감성) 6급 5급Ⅱ	↔	理性(이성) 6급Ⅱ 5급Ⅱ	登場(등장) 7급 7급Ⅱ	↔	退場(퇴장) 4급Ⅱ 7급Ⅱ	消費(소비) 6급Ⅱ 5급	↔ 生産(생산) 8급 5급Ⅱ
減少(감소) 4급Ⅱ 7급	↔	增加(증가) 4급Ⅱ 5급	母音(모음) 8급 6급Ⅱ	↔	子音(자음) 7급Ⅱ 6급Ⅱ	勝利(승리) 6급 6급Ⅱ	↔ 敗北(패배) 5급 8급
感情(감정) 6급 5급Ⅱ	↔	理性(이성) 6급Ⅱ 5급Ⅱ	文語(문어) 7급 7급	↔	口語(구어) 7급 7급	實質(실질) 5급Ⅱ 5급Ⅱ	↔ 形式(형식) 6급Ⅱ 6급
個別(개별) 4급Ⅱ 6급	↔	全體(전체) 7급Ⅱ 6급	未備(미비) 4급Ⅱ 4급Ⅱ	↔	完備(완비) 5급 4급Ⅱ	惡意(악의) 5급Ⅱ 6급Ⅱ	↔ 善意(선의) 5급 6급Ⅱ
結果(결과) 5급Ⅱ 6급Ⅱ	↔	原因(원인) 5급 5급	放心(방심) 6급Ⅱ 7급	↔	操心(조심) 5급 7급	溫暖(온난) 6급 4급Ⅱ	↔ 寒冷(한랭) 5급 5급
缺席(결석) 4급Ⅱ 6급	↔	出席(출석) 7급 6급	背恩(배은) 4급Ⅱ 4급Ⅱ	↔	報恩(보은) 4급Ⅱ 4급Ⅱ	溫情(온정) 6급 5급Ⅱ	↔ 冷情(냉정) 5급 5급Ⅱ
固定(고정) 5급 6급	↔	流動(유동) 5급Ⅱ 7급Ⅱ	白晝(백주) 8급 6급	↔	深夜(심야) 4급Ⅱ 6급	入金(입금) 7급 8급	↔ 出金(출금) 7급 8급
空想(공상) 7급Ⅱ 4급Ⅱ	↔	現實(현실) 6급Ⅱ 5급Ⅱ	本業(본업) 6급 6급Ⅱ	↔	副業(부업) 4급Ⅱ 6급Ⅱ	立體(입체) 7급Ⅱ 6급Ⅱ	↔ 平面(평면) 7급Ⅱ 7급
空虛(공허) 7급Ⅱ 4급Ⅱ	↔	充實(충실) 5급Ⅱ 5급Ⅱ	部分(부분) 6급Ⅱ 6급Ⅱ	↔	全體(전체) 7급Ⅱ 6급Ⅱ	遠心(원심) 6급 7급	↔ 求心(구심) 4급Ⅱ 7급
過去(과거) 5급Ⅱ 5급	↔	未來(미래) 4급Ⅱ 7급	不實(부실) 7급Ⅱ 5급Ⅱ	↔	充實(충실) 5급Ⅱ 5급Ⅱ	遠洋(원양) 6급 6급	↔ 近海(근해) 6급 7급Ⅱ
過失(과실) 5급Ⅱ 6급	↔	故意(고의) 4급Ⅱ 6급Ⅱ	富者(부자) 4급Ⅱ 6급	↔	貧者(빈자) 4급Ⅱ 6급	應用(응용) 4급Ⅱ 6급Ⅱ	↔ 原理(원리) 5급 6급Ⅱ
光明(광명) 6급Ⅱ 6급Ⅱ	↔	暗黑(암흑) 4급Ⅱ 5급	分斷(분단) 6급Ⅱ 4급Ⅱ	↔	連結(연결) 4급Ⅱ 5급Ⅱ	義務(의무) 4급Ⅱ 4급Ⅱ	↔ 權利(권리) 4급Ⅱ 6급Ⅱ
樂觀(낙관) 6급Ⅱ 5급Ⅱ	↔	悲觀(비관) 4급Ⅱ 5급Ⅱ	不法(불법) 7급Ⅱ 5급Ⅱ	↔	合法(합법) 6급 5급Ⅱ	人爲(인위) 8급 4급Ⅱ	↔ 自然(자연) 7급Ⅱ 7급
內容(내용) 7급Ⅱ 4급Ⅱ	↔	形式(형식) 6급Ⅱ 6급	不運(불운) 7급Ⅱ 6급Ⅱ	↔	幸運(행운) 6급Ⅱ 6급Ⅱ	自動(자동) 7급Ⅱ 7급Ⅱ	↔ 手動(수동) 7급Ⅱ 7급Ⅱ
能動(능동) 5급Ⅱ 7급Ⅱ	↔	受動(수동) 4급Ⅱ 7급Ⅱ	不幸(불행) 7급Ⅱ 6급Ⅱ	↔	幸福(행복) 6급Ⅱ 5급Ⅱ	低下(저하) 4급Ⅱ 7급Ⅱ	↔ 向上(향상) 6급 7급Ⅱ
多元(다원) 6급 5급Ⅱ	↔	一元(일원) 8급 5급Ⅱ	死後(사후) 6급 7급Ⅱ	↔	生前(생전) 8급 7급Ⅱ	敵對(적대) 4급Ⅱ 6급	↔ 友好(우호) 5급Ⅱ 4급Ⅱ

切斷(절단) ↔ 連結(연결)	支出(지출) ↔ 收入(수입)	退院(퇴원) ↔ 入院(입원)
5급II 4급II / 4급II 5급II	4급II 7급 / 4급II 7급	4급II 5급 / 7급 5급
正當(정당) ↔ 不當(부당)	進步(진보) ↔ 保守(보수)	夏至(하지) ↔ 冬至(동지)
7급II 5급II / 7급II 5급II	4급II 4급II / 4급II 4급II	7급 4급II / 7급 4급II
情神(정신) ↔ 物質(물질)	總角(총각) ↔ 處女(처녀)	許可(허가) ↔ 禁止(금지)
5급II 6급II / 7급II 5급II	4급II 6급II / 4급II 8급	5급 5급 / 4급II 5급
正午(정오) ↔ 子正(자정)	忠臣(충신) ↔ 逆臣(역신)	現實(현실) ↔ 理想(이상)
7급II 7급II / 7급II 7급II	4급II 5급II / 4급II 5급II	6급II 5급II / 6급II 4급II
增進(증진) ↔ 減退(감퇴)	退步(퇴보) ↔ 進步(진보)	訓讀(훈독) ↔ 音讀(음독)
4급II 4급II / 4급II 4급II	4급II 4급II / 4급II 4급II	6급 6급II / 6급II 6급II

可變性(가변성) ↔ 不變性(불변성)	都給人(도급인) ↔ 受給人(수급인)
5급 5급II 5급II / 7급II 5급II 5급II	5급 5급 8급 / 4급II 5급 8급
感情的(감정적) ↔ 理性的(이성적)	同意語(동의어) ↔ 反意語(반의어)
6급 5급II 5급II / 6급II 5급II 5급II	7급 6급II 7급 / 6급II 6급II 7급
結氷期(결빙기) ↔ 解氷期(해빙기)	發信人(발신인) ↔ 受信人(수신인)
5급II 5급 5급 / 4급II 5급 5급	6급II 6급II 8급 / 4급II 6급II 8급
舊體制(구체제) ↔ 新體制(신체제)	白眼視(백안시) ↔ 靑眼視(청안시)
5급II 6급II 4급II / 6급II 6급II 4급II	8급 4급II 4급II / 8급 4급II 4급II
樂觀論(낙관론) ↔ 悲觀論(비관론)	富益富(부익부) ↔ 貧益貧(빈익빈)
6급II 5급II 4급II / 4급II 5급II 4급II	4급II 4급II 4급II / 4급II 4급II 4급II
落選人(낙선인) ↔ 當選人(당선인)	本校生(본교생) ↔ 他校生(타교생)
5급 5급 8급 / 5급II 5급 8급	6급 8급 8급 / 5급 8급 8급
落選者(낙선자) ↔ 當選者(당선자)	不文律(불문율) ↔ 成文律(성문율)
5급 5급 6급 / 5급II 5급 6급	7급II 7급 4급II / 6급II 7급 4급II
男學生(남학생) ↔ 女學生(여학생)	上級生(상급생) ↔ 下級生(하급생)
7급II 8급 8급 / 8급 8급 8급	7급II 6급 8급 / 7급II 6급 8급
內國人(내국인) ↔ 外國人(외국인)	上終價(상종가) ↔ 下終價(하종가)
7급II 8급 8급 / 8급 8급 8급	7급II 5급 5급II / 7급II 5급 5급II
內在律(내재율) ↔ 外在律(외재율)	勝利者(승리자) ↔ 敗北者(패배자)
7급II 6급 4급II / 8급 6급 4급II	6급 6급II 6급 / 5급 8급 6급
老處女(노처녀) ↔ 老總角(노총각)	始務式(시무식) ↔ 終務式(종무식)
7급 4급II 8급 / 7급 4급II 6급II	6급II 4급II 6급 / 5급 4급II 6급
多數者(다수자) ↔ 少數者(소수자)	小區分(소구분) ↔ 大區分(대구분)
6급 7급 6급 / 7급 7급 6급	8급 6급 6급II / 8급 6급 6급II
大家族(대가족) ↔ 小家族(소가족)	送話器(송화기) ↔ 受話器(수화기)
8급 7급II 6급 / 8급 7급II 6급	4급II 7급II 4급II / 4급II 7급II 4급II
大殺年(대살년) ↔ 大有年(대유년)	夜學生(야학생) ↔ 晝學生(주학생)
8급 4급II 8급 / 8급 7급 8급	6급 8급 8급 / 6급 8급 8급
大凶年(대흉년) ↔ 大豊年(대풍년)	兩非論(양비론) ↔ 兩是論(양시론)
8급 5급II 8급 / 8급 4급II 8급	4급II 4급II 4급II / 4급II 4급II 4급II

女學校(여학교) 8급 8급 8급	↔	男學校(남학교) 7급Ⅱ 8급 8급	強大國家(강대국가) 6급 8급 8급 7급Ⅱ	↔	弱小國家(약소국가) 6급Ⅱ 8급 8급 7급Ⅱ
午前班(오전반) 7급Ⅱ 7급Ⅱ 6급Ⅱ	↔	午後班(오후반) 7급Ⅱ 7급Ⅱ 6급Ⅱ	景氣回復(경기회복) 5급 7급Ⅱ 4급Ⅱ 4급Ⅱ	↔	景氣後退(경기후퇴) 5급 7급Ⅱ 7급Ⅱ 4급Ⅱ
外三寸(외삼촌) 8급 8급 8급	↔	親三寸(친삼촌) 6급 8급 8급	吉則大凶(길즉대흉) 5급 5급 8급 5급Ⅱ	↔	凶則大吉(흉즉대길) 5급Ⅱ 5급 8급 5급
願賣人(원매인) 5급 5급 8급	↔	願買人(원매인) 5급 5급 8급	古今同然(고금동연) 6급 6급Ⅱ 7급 7급	↔	古今不同(고금부동) 6급 6급Ⅱ 7급Ⅱ 7급
有産者(유산자) 7급 5급Ⅱ 6급	↔	無産者(무산자) 5급 5급Ⅱ 6급	樂觀論者(낙관론자) 6급Ⅱ 5급Ⅱ 4급Ⅱ 6급	↔	悲觀論者(비관론자) 4급Ⅱ 5급Ⅱ 4급Ⅱ 6급
理性的(이성적) 6급Ⅱ 5급Ⅱ 5급Ⅱ	↔	感情的(감정적) 6급 5급Ⅱ 5급Ⅱ	賣出操作(매출조작) 5급 7급 5급 6급Ⅱ	↔	買入操作(매입조작) 5급 7급 5급 6급Ⅱ
前半部(전반부) 7급 6급Ⅱ 6급Ⅱ	↔	後半部(후반부) 7급Ⅱ 6급Ⅱ 6급Ⅱ	死亡申告(사망신고) 6급 5급 4급Ⅱ 5급Ⅱ	↔	出生申告(출생신고) 7급 8급 4급Ⅱ 5급Ⅱ
出發地(출발지) 7급 6급Ⅱ 7급	↔	到着地(도착지) 5급Ⅱ 5급Ⅱ 7급	連戰連勝(연전연승) 4급Ⅱ 6급Ⅱ 4급Ⅱ 6급	↔	連戰連敗(연전연패) 4급Ⅱ 6급Ⅱ 4급Ⅱ 5급
親孫女(친손녀) 6급 6급 8급	↔	外孫女(외손녀) 8급 6급 8급	一擧兩得(일거양득) 8급 5급 4급Ⅱ 4급Ⅱ	↔	一擧兩失(일거양실) 8급 5급 4급Ⅱ 6급
下半身(하반신) 7급Ⅱ 6급Ⅱ 6급Ⅱ	↔	上半身(상반신) 7급Ⅱ 6급Ⅱ 6급Ⅱ	入金傳票(입금전표) 7급 8급 5급Ⅱ 4급Ⅱ	↔	出金傳票(출금전표) 7급 8급 5급Ⅱ 4급Ⅱ
下限價(하한가) 7급Ⅱ 4급Ⅱ 5급Ⅱ	↔	上限價(상한가) 7급Ⅱ 4급Ⅱ 5급Ⅱ	卒年月日(졸년월일) 5급Ⅱ 8급 8급 8급	↔	生年月日(생년월일) 8급 8급 8급 8급
合法化(합법화) 6급 5급Ⅱ 5급Ⅱ	↔	不法化(불법화) 7급Ⅱ 5급Ⅱ 5급Ⅱ	晝短夜長(주단야장) 6급 6급Ⅱ 6급 8급	↔	晝長夜短(주장야단) 6급 8급 6급 6급Ⅱ
後半戰(후반전) 7급Ⅱ 6급Ⅱ 6급Ⅱ	↔	前半戰(전반전) 7급 6급Ⅱ 6급Ⅱ	下意上達(하의상달) 7급Ⅱ 6급Ⅱ 7급Ⅱ 4급Ⅱ	↔	上意下達(상의하달) 7급Ⅱ 6급Ⅱ 7급Ⅱ 4급Ⅱ
後任者(후임자) 7급Ⅱ 5급Ⅱ 6급	↔	前任者(전임자) 7급 5급Ⅱ 6급	好衣好食(호의호식) 4급Ⅱ 6급 4급Ⅱ 7급Ⅱ	↔	惡衣惡食(악의악식) 5급Ⅱ 6급 5급Ⅱ 7급Ⅱ
凶漁期(흉어기) 5급Ⅱ 5급 5급	↔	豊漁期(풍어기) 4급Ⅱ 5급 5급			

(33)

歌(가) 7급	_	曲(곡) 5급	客(객) 5급Ⅱ	_	旅(려) 5급Ⅱ	慶(경) 4급Ⅱ	_	祝(축) 5급
街(가) 4급Ⅱ	_	道(도) 7급Ⅱ	擧(거) 5급	_	動(동) 7급Ⅱ	界(계) 6급Ⅱ	_	境(경) 4급Ⅱ
街(가) 4급Ⅱ	_	路(로) 6급	建(건) 5급	_	立(립) 7급Ⅱ	計(계) 6급Ⅱ	_	算(산) 7급
家(가) 7급Ⅱ	_	室(실) 8급	檢(검) 4급Ⅱ	_	督(독) 4급Ⅱ	計(계) 6급Ⅱ	_	數(수) 7급
歌(가) 7급	_	樂(악) 6급Ⅱ	檢(검) 4급Ⅱ	_	査(사) 5급	故(고) 4급Ⅱ	_	舊(구) 5급Ⅱ
家(가) 7급Ⅱ	_	屋(옥) 5급	檢(검) 4급Ⅱ	_	察(찰) 4급Ⅱ	考(고) 5급	_	究(구) 4급Ⅱ
歌(가) 7급	_	謠(요) 4급Ⅱ	格(격) 5급Ⅱ	_	式(식) 6급	苦(고) 6급	_	難(난) 4급Ⅱ
加(가) 5급	_	增(증) 4급Ⅱ	決(결) 5급Ⅱ	_	斷(단) 4급Ⅱ	告(고) 5급Ⅱ	_	白(백) 8급
歌(가) 7급	_	唱(창) 5급	潔(결) 4급Ⅱ	_	白(백) 8급	告(고) 5급Ⅱ	_	示(시) 5급
家(가) 7급Ⅱ	_	宅(택) 5급Ⅱ	結(결) 5급Ⅱ	_	束(속) 5급Ⅱ	高(고) 6급Ⅱ	_	卓(탁) 5급
家(가) 7급Ⅱ	_	戶(호) 4급Ⅱ	結(결) 5급Ⅱ	_	約(약) 5급Ⅱ	共(공) 6급Ⅱ	_	同(동) 7급
監(감) 4급Ⅱ	_	觀(관) 5급Ⅱ	境(경) 4급Ⅱ	_	界(계) 6급Ⅱ	工(공) 7급Ⅱ	_	作(작) 6급Ⅱ
減(감) 4급Ⅱ	_	省(생) 6급Ⅱ	經(경) 4급Ⅱ	_	過(과) 5급Ⅱ	工(공) 7급Ⅱ	_	造(조) 4급Ⅱ
監(감) 4급Ⅱ	_	視(시) 4급Ⅱ	景(경) 5급	_	光(광) 6급Ⅱ	空(공) 7급Ⅱ	_	虛(허) 4급Ⅱ
監(감) 4급Ⅱ	_	察(찰) 4급Ⅱ	京(경) 6급	_	都(도) 5급	過(과) 5급Ⅱ	_	去(거) 5급
強(강) 6급	_	健(건) 5급	經(경) 4급Ⅱ	_	歷(력) 5급Ⅱ	科(과) 6급Ⅱ	_	目(목) 6급
強(강) 6급	_	固(고) 5급	經(경) 4급Ⅱ	_	理(리) 6급Ⅱ	果(과) 6급Ⅱ	_	實(실) 5급Ⅱ
江(강) 7급Ⅱ	_	河(하) 5급	慶(경) 4급Ⅱ	_	福(복) 5급Ⅱ	過(과) 5급Ⅱ	_	失(실) 6급
講(강) 4급Ⅱ	_	解(해) 4급Ⅱ	競(경) 5급	_	爭(쟁) 5급	過(과) 5급Ⅱ	_	誤(오) 4급Ⅱ

課(과) 5급Ⅱ	程(정) 4급Ⅱ	規(규) 5급	例(례) 6급	努(노) 4급Ⅱ	力(력) 7급Ⅱ
觀(관) 5급Ⅱ	視(시) 4급Ⅱ	規(규) 5급	式(식) 6급	勞(노) 5급Ⅱ	務(무) 4급Ⅱ
觀(관) 5급Ⅱ	察(찰) 4급Ⅱ	規(규) 5급	律(율) 4급Ⅱ	綠(녹) 6급	靑(청) 8급
光(광) 6급Ⅱ	明(명) 6급Ⅱ	規(규) 5급	則(칙) 5급	論(논) 4급Ⅱ	議(의) 4급Ⅱ
廣(광) 5급Ⅱ	博(박) 4급Ⅱ	規(규) 5급	度(탁) 6급	斷(단) 4급Ⅱ	決(결) 5급Ⅱ
光(광) 6급Ⅱ	色(색) 7급	極(극) 4급Ⅱ	端(단) 4급Ⅱ	單(단) 4급Ⅱ	獨(독) 5급Ⅱ
敎(교) 8급	訓(훈) 6급	根(근) 6급	本(본) 6급	端(단) 4급Ⅱ	末(말) 5급
究(구) 4급Ⅱ	考(고) 5급	金(금) 8급	鐵(철) 5급	團(단) 5급Ⅱ	圓(원) 4급Ⅱ
舊(구) 5급Ⅱ	故(고) 4급Ⅱ	急(급) 6급Ⅱ	速(속) 6급	斷(단) 4급Ⅱ	切(절) 5급Ⅱ
區(구) 6급	別(별) 6급	器(기) 4급Ⅱ	具(구) 5급Ⅱ	斷(단) 4급Ⅱ	絶(절) 4급Ⅱ
區(구) 6급	分(분) 6급Ⅱ	記(기) 7급Ⅱ	錄(록) 4급Ⅱ	端(단) 4급Ⅱ	正(정) 7급Ⅱ
具(구) 5급Ⅱ	備(비) 4급Ⅱ	起(기) 4급Ⅱ	立(립) 7급Ⅱ	達(달) 4급Ⅱ	成(성) 6급Ⅱ
救(구) 5급	濟(제) 4급Ⅱ	起(기) 4급Ⅱ	發(발) 6급Ⅱ	達(달) 4급Ⅱ	通(통) 6급
軍(군) 8급	旅(려) 5급Ⅱ	技(기) 5급	術(술) 6급Ⅱ	談(담) 5급	說(설) 5급Ⅱ
軍(군) 8급	兵(병) 5급Ⅱ	己(기) 5급Ⅱ	身(신) 6급Ⅱ	談(담) 5급	言(언) 6급
軍(군) 8급	士(사) 5급Ⅱ	技(기) 5급	藝(예) 4급Ⅱ	擔(담) 4급Ⅱ	任(임) 5급Ⅱ
郡(군) 6급	邑(읍) 7급	記(기) 7급Ⅱ	識(지) 5급Ⅱ	談(담) 5급	話(화) 7급Ⅱ
宮(궁) 4급Ⅱ	家(가) 7급Ⅱ	羅(나) 4급Ⅱ	列(열) 4급Ⅱ	堂(당) 6급Ⅱ	室(실) 8급
貴(귀) 5급	重(중) 7급	難(난) 4급Ⅱ	苦(고) 6급	到(도) 5급Ⅱ	達(달) 4급Ⅱ
規(규) 5급	格(격) 5급Ⅱ	冷(냉) 5급	寒(한) 5급	徒(도) 4급	黨(당) 4급Ⅱ

道(도) 7급II	路(로) 6급	每(매) 7급II	常(상) 4급II	發(발) 5급II	展(전) 6급II
道(도) 7급II	理(리) 6급II	面(면) 7급	容(용) 4급II	方(방) 7급II	道(도) 7급II
逃(도) 4급	亡(망) 5급	明(명) 6급II	光(광) 6급II	方(방) 7급II	正(정) 7급II
都(도) 5급	市(시) 7급II	明(명) 6급II	朗(랑) 5급II	妨(방) 4급	害(해) 5급II
都(도) 5급	邑(읍) 7급	命(명) 7급	令(령) 5급	配(배) 4급II	分(분) 6급II
導(도) 4급II	引(인) 4급II	明(명) 6급II	白(백) 8급	番(번) 6급	第(제) 6급II
盜(도) 4급	賊(적) 4급	名(명) 7급II	稱(칭) 4급	番(번) 6급	次(차) 4급II
到(도) 5급II	着(착) 5급II	名(명) 7급II	號(호) 6급	法(법) 5급II	規(규) 5급
逃(도) 4급	避(피) 4급	毛(모) 4급II	髮(발) 4급	法(법) 5급II	度(도) 6급
圖(도) 6급II	畫(화) 6급	模(모) 4급	範(범) 4급	法(법) 5급II	法(례) 6급
導(도) 4급II	訓(훈) 6급	文(문) 7급	書(서) 6급II	法(법) 5급II	律(률) 4급II
獨(독) 5급II	孤(고) 4급	文(문) 7급	章(장) 6급	法(법) 5급II	式(식) 6급
毒(독) 4급II	害(해) 5급II	門(문) 8급	戶(호) 4급II	法(법) 5급II	典(전) 5급II
同(동) 7급	等(등) 6급II	物(물) 7급II	件(건) 5급	法(법) 5급II	則(칙) 5급
洞(동) 7급	里(리) 7급	物(물) 7급II	品(품) 5급II	變(변) 5급II	改(개) 5급
同(동) 7급	一(일) 8급	美(미) 6급	麗(려) 4급II	邊(변) 4급II	際(제) 4급II
頭(두) 6급	首(수) 5급II	朴(박) 6급	素(소) 4급II	變(변) 5급II	化(화) 5급II
等(등) 6급II	級(급) 6급	朴(박) 6급	質(질) 5급II	別(별) 6급	選(선) 5급
等(등) 6급II	類(류) 5급II	發(발) 6급II	起(기) 4급II	兵(병) 5급II	士(사) 5급II
末(말) 5급	端(단) 4급II	發(발) 6급II	射(사) 4급	兵(병) 5급II	卒(졸) 5급II

病(병) 6급	_	患(환) 5급	事(사) 7급II	_	務(무) 4급II	選(선) 5급	_	別(별) 6급

病(병) 6급 _ 患(환) 5급　　事(사) 7급II _ 務(무) 4급II　　選(선) 5급 _ 別(별) 6급

報(보) 4급II _ 告(고) 5급II　　士(사) 5급II _ 兵(병) 5급II　　設(설) 4급II _ 施(시) 4급II

報(보) 4급II _ 道(도) 7급II　　思(사) 5급 _ 想(상) 4급II　　說(설) 5급II _ 話(화) 7급II

保(보) 4급II _ 衛(위) 4급II　　事(사) 7급II _ 業(업) 6급II　　性(성) 5급II _ 心(심) 7급

保(보) 4급II _ 護(호) 4급II　　舍(사) 4급II _ 屋(옥) 5급　　聲(성) 4급II _ 音(음) 6급

福(복) 5급II _ 慶(경) 4급II　　査(사) 5급 _ 察(찰) 4급II　　省(성) 6급II _ 察(찰) 4급II

本(본) 6급 _ 根(근) 6급　　舍(사) 4급II _ 宅(택) 5급II　　世(세) 7급II _ 界(계) 6급II

奉(봉) 5급II _ 仕(사) 5급II　　社(사) 6급II _ 會(회) 6급II　　世(세) 7급II _ 代(대) 6급II

奉(봉) 5급II _ 承(승) 4급II　　産(산) 5급II _ 生(생) 8급　　素(소) 4급II _ 朴(박) 6급

部(부) 6급II _ 隊(대) 4급II　　算(산) 7급 _ 數(수) 7급　　素(소) 4급II _ 質(질) 5급II

部(부) 6급II _ 類(류) 5급　　想(상) 4급II _ 念(념) 5급II　　首(수) 5급II _ 頭(두) 6급

副(부) 4급II _ 次(차) 4급II　　商(상) 5급II _ 量(량) 5급　　受(수) 4급II _ 領(령) 5급

分(분) 6급II _ 區(구) 6급　　想(상) 4급II _ 思(사) 5급　　樹(수) 6급 _ 林(림) 7급

分(분) 6급II _ 配(배) 4급II　　狀(상) 4급II _ 態(태) 4급II　　樹(수) 6급 _ 木(목) 8급

分(분) 6급II _ 別(별) 6급　　省(생) 6급II _ 減(감) 4급II　　修(수) 4급II _ 習(습) 6급

費(비) 5급 _ 用(용) 6급II　　生(생) 8급 _ 産(산) 5급II　　守(수) 4급II _ 衛(위) 4급II

査(사) 5급 _ 檢(검) 4급II　　生(생) 8급 _ 出(출) 7급　　純(순) 4급II _ 潔(결) 4급II

思(사) 5급 _ 考(고) 5급　　生(생) 8급 _ 活(활) 7급II　　術(술) 6급II _ 藝(예) 4급II

思(사) 5급 _ 念(념) 5급II　　善(선) 5급 _ 良(량) 5급II　　習(습) 6급 _ 練(련) 5급II

使(사) 6급 _ 令(령) 5급　　鮮(선) 5급II _ 麗(려) 4급II　　習(습) 6급 _ 學(학) 8급

承(승) 4급II	_	奉(봉) 5급II	約(약) 5급II	_	結(결) 5급II	領(영) 5급	_	統(통) 4급II
時(시) 7급II	_	期(기) 5급	約(약) 5급II	_	束(속) 5급II	英(영) 6급	_	特(특) 6급
施(시) 4급II	_	設(설) 4급II	良(양) 5급II	_	善(선) 5급	例(예) 6급	_	規(규) 5급
始(시) 6급II	_	創(창) 4급II	養(양) 5급II	_	育(육) 7급	例(예) 6급	_	法(법) 5급II
始(시) 6급II	_	初(초) 5급	良(양) 5급II	_	好(호) 4급II	藝(예) 4급II	_	術(술) 6급II
試(시) 4급II	_	驗(험) 4급II	言(언) 6급	_	談(담) 5급	例(예) 6급	_	式(식) 6급
式(식) 6급	_	例(례) 6급	言(언) 6급	_	說(설) 5급II	例(예) 6급	_	典(전) 5급II
式(식) 6급	_	典(전) 5급II	言(언) 6급	_	語(어) 7급	屋(옥) 5급	_	舍(사) 4급II
申(신) 4급II	_	告(고) 5급II	業(업) 6급II	_	務(무) 4급II	溫(온) 6급	_	暖(난) 4급II
身(신) 6급II	_	體(체) 6급II	業(업) 6급II	_	事(사) 7급II	完(완) 5급	_	全(전) 7급II
室(실) 8급	_	家(가) 7급II	旅(여) 5급II	_	客(객) 5급II	要(요) 5급II	_	求(구) 4급II
實(실) 5급II	_	果(과) 6급II	麗(여) 4급II	_	美(미) 6급	料(요) 5급	_	量(량) 5급
失(실) 6급	_	敗(패) 5급	研(연) 4급II	_	究(구) 4급II	料(요) 5급	_	度(탁) 6급
心(심) 7급	_	性(성) 5급II	年(연) 8급	_	歲(세) 5급II	用(용) 6급II	_	費(비) 5급
兒(아) 5급II	_	童(동) 6급II	連(연) 4급II	_	續(속) 4급II	運(운) 6급II	_	動(동) 7급II
樂(악) 6급II	_	歌(가) 7급	研(연) 4급II	_	修(수) 4급II	願(원) 5급	_	望(망) 5급II
安(안) 7급II	_	康(강) 4급II	練(연) 5급II	_	習(습) 6급	偉(위) 5급II	_	大(대) 8급
眼(안) 4급II	_	目(목) 6급	念(염) 5급II	_	想(상) 4급II	留(유) 4급II	_	住(주) 7급
安(안) 7급II	_	全(전) 7급II	領(영) 5급	_	受(수) 4급II	肉(육) 4급II	_	身(신) 6급II
安(안) 7급II	_	平(평) 7급II	永(영) 6급	_	遠(원) 6급	育(육) 7급	_	養(양) 5급II

陸(육) 5급II	_	地(지) 7급	爭(쟁) 5급	_	競(경) 5급	製(제) 4급II	_	造(조) 4급II
肉(육) 4급II	_	體(체) 6급II	貯(저) 5급	_	蓄(축) 4급II	第(제) 6급II	_	次(차) 4급II
律(율) 4급II	_	法(법) 5급II	典(전) 5급II	_	例(례) 6급	第(제) 6급II	_	宅(택) 5급II
恩(은) 4급II	_	惠(혜) 4급II	典(전) 5급II	_	法(법) 5급II	早(조) 4급II	_	速(속) 6급
音(음) 6급II	_	聲(성) 4급II	典(전) 5급II	_	式(식) 6급	造(조) 4급II	_	作(작) 6급II
議(의) 4급II	_	論(논) 4급II	全(전) 7급II	_	完(완) 5급	調(조) 5급II	_	和(화) 6급II
衣(의) 6급	_	服(복) 6급	典(전) 5급II	_	律(율) 4급II	尊(존) 4급II	_	高(고) 6급II
意(의) 6급II	_	思(사) 5급	戰(전) 6급II	_	爭(쟁) 5급	尊(존) 4급II	_	貴(귀) 5급
意(의) 6급II	_	義(의) 4급II	切(절) 5급II	_	斷(단) 4급	卒(졸) 5급II	_	兵(병) 5급II
意(의) 6급II	_	志(지) 4급II	絕(절) 4급II	_	斷(단) 4급II	終(종) 5급	_	結(결) 5급II
移(이) 4급II	_	運(운) 6급II	接(접) 4급II	_	續(속) 4급II	終(종) 5급	_	端(단) 4급II
利(이) 6급II	_	益(익) 4급II	停(정) 5급	_	留(류) 4급II	終(종) 5급	_	末(말) 5급
引(인) 4급II	_	導(도) 4급II	正(정) 7급II	_	方(방) 7급II	終(종) 5급	_	止(지) 5급
認(인) 4급II	_	識(식) 5급II	情(정) 5급II	_	意(의) 6급II	罪(죄) 5급	_	過(과) 5급II
認(인) 4급II	_	知(지) 5급II	停(정) 5급	_	住(주) 7급	州(주) 5급II	_	郡(군) 6급
一(일) 8급	_	同(동) 7급	停(정) 5급	_	止(지) 5급	增(증) 4급II	_	加(가) 5급
自(자) 7급II	_	己(기) 5급II	正(정) 7급II	_	直(직) 7급II	知(지) 5급II	_	識(식) 5급II
才(재) 6급II	_	術(술) 6급II	除(제) 4급II	_	減(감) 4급II	志(지) 4급II	_	意(의) 6급II
才(재) 6급II	_	藝(예) 4급II	題(제) 6급II	_	目(목) 6급	眞(진) 4급II	_	實(실) 5급II
財(재) 5급II	_	貨(화) 4급II	製(제) 4급II	_	作(작) 6급II	進(진) 4급II	_	出(출) 7급

質(질) 5급II	朴(박) 6급	祝(축) 5급	慶(경) 4급II	包(포) 4급II	容(용) 4급II
質(질) 5급II	素(소) 4급II	出(출) 7급	生(생) 8급	品(품) 5급II	件(건) 5급
質(질) 5급II	正(정) 7급II	充(충) 5급II	滿(만) 4급II	品(품) 5급II	物(물) 7급II
集(집) 6급II	團(단) 5급II	測(측) 4급II	度(탁) 6급	豊(풍) 4급II	足(족) 7급II
集(집) 6급II	會(회) 6급II	治(치) 4급II	理(리) 6급II	河(하) 5급	川(천) 7급
次(차) 4급II	第(제) 6급II	侵(침) 4급II	犯(범) 4급	學(학) 8급	習(습) 6급
察(찰) 4급II	見(견) 5급II	度(탁) 6급	量(량) 5급	寒(한) 5급	冷(랭) 5급
察(찰) 4급II	觀(관) 5급II	宅(택) 5급II	舍(사) 4급II	航(항) 4급II	船(선) 5급
唱(창) 5급	歌(가) 7급	土(토) 8급	地(지) 7급	害(해) 5급II	毒(독) 4급II
創(창) 4급II	始(시) 6급II	洞(통) 7급	達(달) 4급II	解(해) 4급II	放(방) 6급II
創(창) 4급II	作(작) 6급II	通(통) 6급	達(달) 4급II	解(해) 4급II	消(소) 6급II
創(창) 4급II	初(초) 5급	統(통) 4급II	領(령) 5급	海(해) 7급II	洋(양) 6급
責(책) 5급II	任(임) 5급II	洞(통) 7급	通(통) 6급	行(행) 6급	動(동) 7급II
淸(청) 6급II	潔(결) 4급II	統(통) 4급II	合(합) 6급	行(행) 6급	爲(위) 4급II
靑(청) 8급	綠(록) 6급	敗(패) 5급	亡(망) 5급	鄕(향) 4급II	村(촌) 7급
體(체) 6급II	身(신) 6급II	敗(패) 5급	北(배) 8급	許(허) 5급	可(가) 5급
初(초) 5급	創(창) 4급II	便(편) 7급	安(안) 7급II	虛(허) 4급II	空(공) 7급II
村(촌) 7급	落(락) 5급	平(평) 7급II	等(등) 6급II	虛(허) 4급II	無(무) 5급
村(촌) 7급	里(리) 7급	平(평) 7급II	安(안) 7급II	賢(현) 4급II	良(량) 5급II
寸(촌) 8급	節(절) 5급II	平(평) 7급II	和(화) 6급II	協(협) 4급II	和(화) 6급II

形(형) 6급II	_	式(식) 6급	貨(화) 4급II	_	財(재) 5급II	休(휴) 7급	_	息(식) 4급II
形(형) 6급II	_	容(용) 4급II	和(화) 6급II	_	平(평) 7급	凶(흉) 5급II	_	惡(악) 5급II
形(형) 6급II	_	態(태) 4급II	和(화) 6급II	_	協(협) 4급II	凶(흉) 5급II	_	暴(포) 4급II
惠(혜) 4급II	_	恩(은) 4급II	確(확) 4급II	_	固(고) 5급	吸(흡) 4급II	_	飮(음) 6급II
畫(화) 6급	_	圖(도) 6급II	會(회) 6급II	_	社(사) 6급II	興(흥) 4급II	_	起(기) 4급II
化(화) 5급II	_	變(변) 5급II	會(회) 6급II	_	集(집) 6급II	希(희) 4급II	_	望(망) 5급II
話(화) 7급II	_	說(설) 5급II	訓(훈) 6급	_	敎(교) 8급	希(희) 4급II	_	願(원) 5급
話(화) 7급II	_	言(언) 6급	訓(훈) 6급	_	導(도) 4급II			

家産(가산) 7급II 5급II	_	家財(가재) 7급II 5급II	貴家(귀가) 5급 7급II	_	尊宅(존택) 4급II 5급II	民心(민심) 8급 7급	_	人心(인심) 8급 7급

家産(가산) 7급II 5급II	_	家財(가재) 7급II 5급II	貴家(귀가) 5급 7급II	_	尊宅(존택) 4급II 5급II	民心(민심) 8급 7급	_	人心(인심) 8급 7급
家長(가장) 7급II 8급	_	戶主(호주) 4급II 7급	器量(기량) 4급II 5급	_	才能(재능) 6급II 5급II	密語(밀어) 4급II 7급	_	密談(밀담) 4급II 5급
家族(가족) 7급II 6급	_	食口(식구) 7급II 7급	氣品(기품) 7급II 5급II	_	風格(풍격) 6급II 5급II	密通(밀통) 4급II 6급	_	暗通(암통) 4급II 6급
家風(가풍) 7급II 6급II	_	門風(문풍) 8급 6급II	校內(교내) 8급 7급II	_	學內(학내) 8급 7급II	無事(무사) 5급 7급II	_	安全(안전) 7급II 7급II
家訓(가훈) 7급II 6급	_	家敎(가교) 7급II 8급	權術(권술) 4급II 6급II	_	權數(권수) 4급II 7급	武術(무술) 4급II 6급II	_	武藝(무예) 4급II 4급II
各別(각별) 6급II 6급	_	特別(특별) 6급 6급	暖風(난풍) 4급II 6급II	_	溫風(온풍) 6급 6급II	文面(문면) 7급 7급	_	書面(서면) 6급II 7급
各地(각지) 6급II 7급	_	各所(각소) 6급II 7급	勞作(노작) 5급II 6급II	_	力作(역작) 7급II 6급II	發端(발단) 6급II 4급II	_	始作(시작) 6급II 6급II
講士(강사) 4급II 5급II	_	演士(연사) 4급II 5급II	來歷(내력) 7급 5급II	_	由來(유래) 6급 7급	配布(배포) 4급II 4급II	_	配達(배달) 4급II 4급II
開國(개국) 6급 8급	_	建國(건국) 5급 8급	內子(내자) 7급II 7급II	_	室人(실인) 8급 8급	病席(병석) 6급 6급	_	病床(병상) 6급 4급II
改良(개량) 5급 5급II	_	改善(개선) 5급 5급	多識(다식) 6급 5급II	_	博識(박식) 4급II 5급II	本國(본국) 6급 8급	_	自國(자국) 7급II 8급
客地(객지) 5급II 7급	_	他鄕(타향) 5급 4급II	答信(답신) 7급II 6급II	_	回信(회신) 4급II 6급II	父母(부모) 8급 8급	_	兩親(양친) 4급II 6급
擧國(거국) 5급 8급	_	全國(전국) 7급II 8급	當到(당도) 5급II 5급II	_	到達(도달) 5급II 4급II	部門(부문) 6급II 8급	_	分野(분야) 6급II 6급
高見(고견) 6급II 5급II	_	尊意(존의) 4급II 6급II	大寶(대보) 8급 4급II	_	至寶(지보) 4급II 4급II	不運(불운) 7급II 6급II	_	悲運(비운) 4급II 6급II
故國(고국) 4급II 8급	_	祖國(조국) 7급 8급	大河(대하) 8급 5급	_	長江(장강) 8급 7급II	事前(사전) 7급II 7급II	_	未然(미연) 4급II 7급
考量(고량) 5급 5급	_	思料(사료) 5급 5급	童女(동녀) 6급II 8급	_	少女(소녀) 7급 8급	上古(상고) 7급II 6급	_	太古(태고) 6급 6급
故友(고우) 4급II 5급II	_	故舊(고구) 4급II 5급II	同窓(동창) 7급 6급II	_	同門(동문) 7급 8급	商品(상품) 5급II 5급II	_	物件(물건) 7급II 5급
曲解(곡해) 5급 4급II	_	誤解(오해) 4급II 4급II	萬代(만대) 8급 6급II	_	萬世(만세) 8급 7급II	生育(생육) 8급 7급	_	生長(생장) 8급 8급
共感(공감) 6급II 6급	_	同感(동감) 7급 6급	名目(명목) 7급II 6급	_	名色(명색) 7급II 7급	先主(선주) 8급 7급	_	先王(선왕) 8급 8급
空白(공백) 7급II 8급	_	餘白(여백) 4급II 8급	名勝(명승) 7급II 6급	_	景勝(경승) 5급 6급	善治(선치) 5급 4급II	_	善政(선정) 5급 4급II

說破(설파) 5급II 4급II	論破(논파) 4급II 4급II	心友(심우) 7급 5급II	知音(지음) 5급II 6급II	草家(초가) 7급 7급II	草堂(초당) 7급 6급II
性格(성격) 5급II 5급II	氣質(기질) 7급II 5급II	安貧(안빈) 7급II 4급II	樂貧(낙빈) 6급II 4급II	最高(최고) 5급 6급II	至上(지상) 4급II 7급II
世界(세계) 7급II 6급II	世上(세상) 7급II 7급II	野合(야합) 6급 6급	內通(내통) 7급II 6급	親筆(친필) 6급 5급II	自筆(자필) 7급II 5급II
歲初(세초) 5급II 5급	年頭(연두) 8급 6급	運送(운송) 6급II 4급II	通運(통운) 6급 6급II	快調(쾌조) 4급II 5급II	好調(호조) 4급II 5급II
所望(소망) 7급 5급II	念願(염원) 5급II 5급	原因(원인) 5급 5급	理由(이유) 6급II 6급	度地(탁지) 6급 7급	測地(측지) 4급II 7급
所願(소원) 7급 5급	希望(희망) 4급II 5급II	留級(유급) 4급II 6급	落第(낙제) 5급 6급II	通例(통례) 6급 6급	常例(상례) 4급II 6급
素行(소행) 4급II 6급	品行(품행) 5급II 6급	育成(육성) 7급 6급II	養成(양성) 5급II 6급II	特別(특별) 6급 6급	各別(각별) 6급II 6급
俗論(속론) 4급II 4급II	流議(유의) 5급II 4급II	意圖(의도) 6급II 6급II	意向(의향) 6급II 6급	平常(평상) 7급II 4급II	平素(평소) 7급II 4급II
送信(송신) 4급II 6급II	發信(발신) 6급II 6급II	認可(인가) 4급II 5급	許可(허가) 5급 5급	暴落(폭락) 4급II 5급	急落(급락) 6급II 5급
首領(수령) 5급II 5급	頭目(두목) 6급 6급	人山(인산) 8급 8급	人海(인해) 8급 7급II	品名(품명) 5급II 7급II	物名(물명) 7급II 7급II
水魚(수어) 8급 5급	知己(지기) 5급II 5급II	一品(일품) 8급 5급II	絶品(절품) 4급II 5급II	下技(하기) 7급II 5급	末藝(말예) 5급 4급II
收支(수지) 4급II 4급II	入出(입출) 7급 7급	入選(입선) 7급 5급	當選(당선) 5급II 5급	學內(학내) 8급 7급II	校內(교내) 8급 7급II
勝景(승경) 6급 5급	名勝(명승) 7급II 6급	自然(자연) 7급II 7급	天然(천연) 7급 7급	合計(합계) 6급 6급II	合算(합산) 6급 7급
是非(시비) 4급II 4급II	黑白(흑백) 5급 8급	爭論(쟁론) 5급 4급II	爭議(쟁의) 5급 4급II	護國(호국) 4급II 8급	衛國(위국) 4급II 8급
視野(시야) 4급II 6급	眼界(안계) 4급II 6급	戰術(전술) 6급II 6급II	兵法(병법) 5급II 5급II	活用(활용) 7급II 6급II	利用(이용) 6급II 6급II
始祖(시조) 6급II 7급	鼻祖(비조) 5급 7급	操心(조심) 5급 7급	注意(주의) 6급II 6급II	會得(회득) 6급II 4급II	理解(이해) 6급II 4급II
始終(시종) 6급II 5급	本末(본말) 6급 5급	尊體(존체) 4급II 6급II	玉體(옥체) 4급II 6급II	效力(효력) 5급II 7급II	效驗(효험) 5급II 4급II
植木(식목) 7급 8급	植樹(식수) 7급 6급	進步(진보) 4급II 4급II	向上(향상) 6급 7급II		
失業(실업) 6급 6급II	失職(실직) 6급 4급II	着工(착공) 5급II 7급II	起工(기공) 4급II 7급II		

43

한자능력검정시험 4급II · 유의어

經驗談(경험담) 4급II 4급II 5급	_	體驗談(체험담) 6급II 4급II 5급	愛國心(애국심) 6급 8급 7급	_	祖國愛(조국애) 7급 8급 6급

經驗談(경험담) 4급II 4급II 5급	_	體驗談(체험담) 6급II 4급II 5급	愛國心(애국심) 6급 8급 7급	_	祖國愛(조국애) 7급 8급 6급
敎育家(교육가) 8급 7급 7급II	_	敎育者(교육자) 8급 7급 6급	魚水親(어수친) 5급 8급 6급	_	知音人(지음인) 5급II 6급II 8급
今世上(금세상) 6급II 7급II 7급II	_	今世界(금세계) 6급II 7급II 6급II	地方色(지방색) 7급 7급II 7급	_	鄕土色(향토색) 4급II 8급 7급
到着順(도착순) 5급II 5급II 5급II	_	先着順(선착순) 8급 5급II 5급II	集會所(집회소) 6급II 6급II 7급	_	集會場(집회장) 6급II 6급II 7급II
同期生(동기생) 7급 5급 8급	_	同窓生(동창생) 7급 6급II 8급	千萬年(천만년) 7급 8급 8급	_	千萬代(천만대) 7급 8급 6급II
同鄕會(동향회) 7급 4급II 6급II	_	鄕友會(향우회) 4급II 5급II 6급II	最上品(최상품) 5급 7급II 5급II	_	極上品(극상품) 4급II 7급II 5급II
無所得(무소득) 5급 7급 4급II	_	無收入(무수입) 5급 4급II 7급	最盛期(최성기) 5급 4급II 5급	_	全盛期(전성기) 7급II 4급II 5급
門下生(문하생) 8급 7급II 8급	_	門下人(문하인) 8급 7급II 8급	通告文(통고문) 6급 5급II 7급	_	通知書(통지서) 6급 5급II 6급II
半休日(반휴일) 6급II 7급 8급	_	半空日(반공일) 6급II 7급II 8급	通俗物(통속물) 6급 4급II 7급II	_	大衆物(대중물) 8급 4급II 7급II
發明家(발명가) 6급II 6급II 7급II	_	發明者(발명자) 6급II 6급II 6급	回想記(회상기) 4급II 4급II 7급II	_	回想錄(회상록) 4급II 4급II 4급II
別天地(별천지) 6급 7급 7급	_	別世界(별세계) 6급 7급II 6급II	公益事業(공익사업) 6급II 4급II 7급II 6급II	_	公共事業(공공사업) 6급II 6급II 7급II 6급II
別天地(별천지) 6급 7급 7급	_	理想鄕(이상향) 6급II 4급II 4급II	空前絶後(공전절후) 7급II 7급II 4급II 7급II	_	前無後無(전무후무) 7급II 5급 7급II 5급
本土種(본토종) 6급 8급 5급II	_	在來種(재래종) 6급 7급 5급II	九死一生(구사일생) 8급 6급 8급 8급	_	十生九死(십생구사) 8급 8급 8급 6급
不老草(불로초) 7급II 7급 7급	_	不死藥(불사약) 7급II 6급 6급II	代代孫孫(대대손손) 6급II 6급II 6급 6급	_	子子孫孫(자자손손) 7급II 7급II 6급 6급
事業家(사업가) 7급II 6급II 7급II	_	事業者(사업자) 7급II 6급II 6급	東問西答(동문서답) 8급 7급 8급 7급II	_	問東答西(문동답서) 7급 8급 7급II 8급
設計圖(설계도) 4급II 6급II 6급II	_	靑寫眞(청사진) 8급 5급 4급II	馬耳東風(마이동풍) 5급 5급 8급 6급II	_	牛耳讀經(우이독경) 5급 5급 6급II 4급II
所有人(소유인) 7급 7급 8급	_	所有者(소유자) 7급 7급 6급	不老長生(불로장생) 7급II 7급 8급 8급	_	長生不死(장생불사) 8급 8급 7급II 6급
受領人(수령인) 4급II 5급 8급	_	受取人(수취인) 4급II 4급II 8급	西方國家(서방국가) 8급 7급II 8급 7급II	_	西方世界(서방세계) 8급 7급II 7급II 6급II
宿命觀(숙명관) 5급II 7급 5급II	_	運命觀(운명관) 6급II 7급 5급II	心心相印(심심상인) 7급 7급 5급II 4급II	_	以心傳心(이심전심) 5급II 7급 5급II 7급
勝戰國(승전국) 6급 6급II 8급	_	戰勝國(전승국) 6급II 6급 8급	屋內競技(옥내경기) 5급 7급II 5급 5급	_	室內競技(실내경기) 8급 7급II 5급 5급

因果應報(인과응보)
5급 6급Ⅱ 4급Ⅱ 4급Ⅱ
_
種豆得豆(종두득두)
5급Ⅱ 4급Ⅱ 4급Ⅱ 4급Ⅱ

虛名無實(허명무실)
4급Ⅱ 7급Ⅱ 5급 5급Ⅱ
_
有名無實(유명무실)
7급 7급Ⅱ 5급 5급Ⅱ

一擧兩得(일거양득)
8급 5급 4급Ⅱ 4급Ⅱ
_
一石二鳥(일석이조)
8급 6급 8급 4급Ⅱ

花朝月夕(화조월석)
7급 6급 8급 7급
_
朝花月夕(조화월석)
6급 7급 8급 7급

一定不變(일정불변)
8급 6급 7급Ⅱ 5급Ⅱ
_
固定不變(고정불변)
5급 6급 7급Ⅱ 5급Ⅱ

黃金萬能(황금만능)
6급 8급 8급 5급Ⅱ
_
金權萬能(금권만능)
8급 4급Ⅱ 8급 5급Ⅱ

通俗歌謠(통속가요)
6급 4급Ⅱ 7급 4급Ⅱ
_
大衆歌謠(대중가요)
8급 4급Ⅱ 7급 4급Ⅱ

假 — 仮	權 — 权, 権	來 — 来	寫 — 写, 写, 寫
거짓 가: 4급Ⅱ	권세 권 4급Ⅱ	올 래(:) 7급	베낄 사 5급
價 — 価	氣 — 気	兩 — 両	師 — 师
값 가 5급Ⅱ	기운 기 7급Ⅱ	두 량: 4급Ⅱ	스승 사 4급Ⅱ
減 — 减	器 — 器	麗 — 麗	殺 — 殺
덜 감: 4급Ⅱ	그릇 기 4급Ⅱ	고울 려 4급Ⅱ	죽일 살 감할/빠를 쇄: 4급Ⅱ
監 — 监	單 — 単	練 — 練	狀 — 状
볼 감 4급Ⅱ	홑 단 4급Ⅱ	익힐 련: 5급Ⅱ	형상 상 문서 장 4급Ⅱ
個 — 个	團 — 団	禮 — 礼	船 — 船
낱 개(:) 4급Ⅱ	둥글 단 5급Ⅱ	예도 례: 6급	배 선 5급
擧 — 挙, 舉	斷 — 断	勞 — 労	聲 — 声
들 거: 5급	끊을 단: 4급Ⅱ	일할 로 5급Ⅱ	소리 성 4급Ⅱ
檢 — 検	擔 — 担	錄 — 录	歲 — 岁, 崴
검사할 검: 4급Ⅱ	멜 담 4급Ⅱ	기록할 록 4급Ⅱ	해 세: 5급Ⅱ
缺 — 欠	當 — 当	滿 — 満	續 — 続
이지러질 결 4급Ⅱ	마땅 당 5급Ⅱ	찰 만(:) 4급Ⅱ	이을 속 4급Ⅱ
經 — 経	黨 — 党	萬 — 万	收 — 収
지날/글 경 4급Ⅱ	무리 당 4급Ⅱ	일만 만: 8급	거둘 수 4급Ⅱ
輕 — 軽	對 — 対	賣 — 売	數 — 数
가벼울 경 5급	대할 대: 6급Ⅱ	팔 매(:) 5급	셈 수: 7급
觀 — 观, 観, 観	德 — 德	發 — 発	實 — 実
볼 관 5급Ⅱ	큰 덕 5급Ⅱ	필 발 6급Ⅱ	열매 실 5급Ⅱ
關 — 関	圖 — 図	拜 — 拝	兒 — 児
관계할 관 5급Ⅱ	그림 도 6급Ⅱ	절 배: 4급Ⅱ	아이 아 5급Ⅱ
廣 — 広	獨 — 独	變 — 変	惡 — 悪
넓을 광: 5급Ⅱ	홀로 독 5급Ⅱ	변할 변: 5급Ⅱ	악할 악 미워할 오 5급
區 — 区	讀 — 読	邊 — 辺, 边	壓 — 圧
구분할/지경 구 6급	읽을 독 구절 두 6급Ⅱ	가[側] 변 4급Ⅱ	누를 압 4급Ⅱ
舊 — 旧	毒 — 毒	寶 — 宝	藥 — 薬
예 구: 5급Ⅱ	독 독 4급Ⅱ	보배 보: 4급Ⅱ	약 약 6급Ⅱ
句 — 勾	燈 — 灯	富 — 冨	餘 — 余
글귀 구 4급Ⅱ	등 등 4급Ⅱ	부자 부: 4급Ⅱ	남을 여 4급Ⅱ
國 — 国	樂 — 楽	佛 — 仏	
나라 국 8급	즐길 락 노래 악 좋아할 요 6급Ⅱ	부처 불 4급Ⅱ	

研	研	將	将	質	质	驗	験
갈 연	4급II	장수 장(:)	4급II	바탕 질	5급II	시험 험:	4급II
榮	栄	爭	争	參	参	賢	賢
영화 영	4급II	다툴 쟁	5급	참여할 참/석 삼	5급II	어질 현	4급II
藝	芸, 藝	傳	伝	處	処	號	号
재주 예:	4급II	전할 전	5급II	곳 처:	4급II	이름 호(:)	6급
溫	温	戰	战, 戦	鐵	鉄	畫	画
따뜻할 온	6급	싸움 전:	6급II	쇠 철	5급	그림 화:그을 획(劃)	6급
謠	謡	節	節	體	体	會	会
노래 요	4급II	마디 절	5급II	몸 체	6급II	모일 회:	6급II
員	貟	定	㝎	總	総, 總	效	効
인원 원	4급II	정할 정:	6급	다[皆] 총:	4급II	본받을 효	5급II
遠	逺	濟	済	蟲	虫	黑	黒
멀 원:	6급	건널 제:	4급II	벌레 충	4급II	검을 흑	5급
爲	為	卒	卆	齒	歯	興	兴
하/할 위(:)	4급II	마칠 졸	5급II	이 치	4급II	일[盛] 흥(:)	4급II
應	応	晝	昼	學	学		
응할 응:	4급II	낮 주	6급	배울 학	8급		
醫	医	準	準	鄕	郷		
의원 의	6급	준할 준	4급II	시골 향	4급II		
者	者	增	増	虛	虚		
놈 자	6급	더할 증	4급II	빌 허	4급II		

한자능력검정시험

4급Ⅱ **예상문제**
(1~9회)

- 예상문제(1~9회)
- 정답(87p~89p)

➜ 본 예상문제는 수험생들의 기억에 의하여 재생된 기출문제를
   토대로 분석하고 연구하여 만든 문제입니다.

01 다음 글에서 밑줄 친 單語 중 한글로 표기된 것은 漢字(正字)로, 漢字로 표기된 것은 한글로 고쳐 쓰시오. (1~14)

○ 표준어의 가장 ^[1]대표적인 기능은 ^[2]統一의 기능이다. 방언 차이가 심하면 한 나라 안에서도 ^[3]意思소통이 전혀 안 되는 경우조차 있다. 그렇지는 않더라도 각 ^[4]지방 사람들이 각각 ^[5]자기 지방 사투리를 그대로 쓴다면 서로 의사소통을 하는 데에 큰 ^[6]불편을 겪게 되는 것이 보통이다. 표준어 ^[7]制定의 일차적 목표는 이러한 불편을 ^[8]解消하는 데에 있다. 모든 국민이 ^[9]공통으로 쓸 수 있고, 그로써 의사소통을 원활히 할 수 있도록 국가 ^[10]水準에서 ^[11]規定한 말이 표준어이다. 따라서 표준어는 원활한 의사소통을 통하여 한 나라 국민을 하나로 뭉치게 해 주는 구실을 한다. 이것이 곧 표준어의 統一의 기능이다.

統一의 기능은 분리의 기능이기도 하다. 서로 같은 말을 쓰는 사람들끼리는 의사소통이 잘 되고 그만큼 더 ^[12]親密한 ^[13]감정을 느끼게 된다. 서로 다른 말을 쓰는 사람과는 의사소통도 불편하고 정다운 느낌도 덜 가지게 된다. 이런 점에서 볼 때 언어는 統一의 기능을 가지는 ^[14]同時에 분리의 기능을 가지고 있다고 할 수 있다. (이익섭, 〈표준어의 기능〉)

1 [   ] 2 [   ]
3 [   ] 4 [   ]
5 [   ] 6 [   ]
7 [   ] 8 [   ]
9 [   ] 10 [   ]
11 [   ] 12 [   ]
13 [   ] 14 [   ]

02 다음 문장에서 밑줄 친 漢字語의 讀音을 쓰시오. (15~41)

15 여기서 寫眞을 찍자. [   ]
16 새로운 假說을 내세우다. [   ]
17 전통적인 궁중 料理 [   ]
18 공자 같은 聖人 [   ]
19 출입을 禁止하다. [   ]
20 열을 가하니 고체가 液體가 되다. [   ]
21 도시보다는 農村이 한가롭다. [   ]
22 失敗는 성공의 어머니 [   ]
23 너의 장래 希望은 무엇이냐? [   ]
24 우승의 快擧를 이루다. [   ]
25 서로 잘 協助하여라. [   ]
26 세종대왕의 愛民정신 [   ]
27 우리 宿所는 어느 호텔이지? [   ]
28 전쟁에서 勝利를 거두다. [   ]
29 背景 색깔이 너무 밝다. [   ]
30 기쁨으로 充滿한 사회 [   ]
31 겨울에는 冬服을 입는다. [   ]
32 은혜에 報答 [   ]
33 研究에 열중하다. [   ]
34 5월은 祝祭의 달 [   ]
35 배운 것을 應用하다. [   ]
36 눈이 近視라서 안경을 쓴다. [   ]
37 집안 淸掃를 깨끗이 해라. [   ]
38 차를 高速으로 몰다. [   ]
39 必殺의 무기 [   ]
40 오늘 溫度가 낮다. [   ]
41 상을 타게 되어 榮光이다. [   ]

03 다음 漢字의 訓과 音을 쓰시오. (42~63)

42 陽 [   ] 43 野 [   ]
44 罪 [   ] 45 種 [   ]

46 到 [   ]   47 察 [   ]

48 質 [   ]   49 餘 [   ]

50 隊 [   ]   51 往 [   ]

52 聲 [   ]   53 飛 [   ]

54 暖 [   ]   55 眼 [   ]

56 登 [   ]   57 步 [   ]

58 鼻 [   ]   59 發 [   ]

60 脈 [   ]   61 齒 [   ]

62 族 [   ]   63 務 [   ]

04 다음 문장에서 밑줄 친 漢字語를 漢字(正字)로 쓰시오. (64~77)

64 집 지을 <u>재목</u>   [   ]

65 <u>세월</u>이 참 빠르다.   [   ]

66 아이들이 <u>교실</u>에서 공부한다.   [   ]

67 그는 <u>재능</u>이 뛰어난 사람이다. [   ]

68 공장을 <u>견학</u>했다.   [   ]

69 그는 <u>덕행</u>을 많이 쌓았다.   [   ]

70 오늘 <u>오후</u>에 만나자.   [   ]

71 <u>행복</u>은 성적순이 아니다.   [   ]

72 상품을 <u>광고</u>하다.   [   ]

73 전기는 <u>전선</u> 통해 보낸다.   [   ]

74 글씨가 <u>선명</u>하게 보였다.   [   ]

75 농업은 일차 <u>산업</u>이다.   [   ]

76 말도 시간이 지나면 <u>변화</u>한다. [   ]

77 오천년의 긴 <u>역사</u>   [   ]

05 다음 ( ) 안의 讀音에 해당하는 漢字(正字)를 써서 漢字語를 완성하시오. (78~82)

78 美風(양)俗   79 起(사)回生

80 竹馬故(우)   81 百(전)老將

82 多聞博(식)

06 다음 漢字와 뜻이 反對 또는 相對되는 漢字(正字)를 ( ) 안에 넣어 글 속의 漢字語를 완성하시오. (83~85)

83 그 일의 ( )末을 나는 다 안다.

84 그는 내 手( ) 같은 사람이다.

85 누가 ( )落을 결정하지?

07 다음 漢字와 뜻이 같거나 비슷한 漢字(正字)를 ( ) 안에 넣어 글 속의 漢字語를 완성하시오. (86~88)

86 ( )謠   87 斷( )

88 ( )育

08 다음 漢字語와 讀音이 같은 漢字語가 되도록 ( ) 안에 漢字(正字)를 쓰되, 제시된 뜻에 맞추시오. (89~91)

89 容器~( )氣 (씩씩한 기개)

90 動畫~( )話 (어린이 이야기)

91 施工~時( ) (시간과 공간)

09 다음 漢字의 略字(약자 ; 획수를 줄인 한자)를 쓰시오. (92~94)

92 號 [   ]   93 醫 [   ]

94 傳 [   ]

10 다음 漢字의 部首를 쓰시오. (95~97)

95 議 [   ]   96 賣 [   ]

97 夜 [   ]

11 다음 漢字語의 일반적인 뜻을 쓰시오. (98~100)

98 家屋   [   ]

99 祖父   [   ]

100 道路   [   ]

수험번호 □□□-□□-□□□□　　　**성명** □□□□□

생년월일 □□□□□□　　　※ 유성 싸인펜, 붉은색 필기구 사용 불가.

※ 답안지는 컴퓨터로 처리되므로 구기거나 더럽히지 마시고, 정답 칸 안에만 쓰십시오. 글씨가 채점란으로 들어오면 오답처리가 됩니다.

제　　회 전국한자능력검정시험 4급Ⅱ 답안지(1)　(시험시간 50분)

번호	정답	1검	2검	번호	정답	1검	2검	번호	정답	1검	2검
1				17				33			
2				18				34			
3				19				35			
4				20				36			
5				21				37			
6				22				38			
7				23				39			
8				24				40			
9				25				41			
10				26				42			
11				27				43			
12				28				44			
13				29				45			
14				30				46			
15				31				47			
16				32				48			

	감독위원	채점위원(1)		채점위원(2)		채점위원(3)	
	(서명)	(득점)	(서명)	(득점)	(서명)	(득점)	(서명)

※ 뒷면으로 이어짐

※ 답안지는 컴퓨터로 처리되므로 구기거나 더럽히지 마시고, 정답 칸 안에만 쓰십시오. 글씨가 채점란으로 들어오면 오답처리가 됩니다.

제　　회 전국한자능력검정시험 4급Ⅱ 답안지(2)

번호	정답	1검	2검	번호	정답	1검	2검	번호	정답	1검	2검
49				67				85			
50				68				86			
51				69				87			
52				70				88			
53				71				89			
54				72				90			
55				73				91			
56				74				92			
57				75				93			
58				76				94			
59				77				95			
60				78				96			
61				79				97			
62				80				98			
63				81				99			
64				82				100			
65				83							
66				84							

01 다음 글에서 밑줄 친 單語 중 한글로 기록된 것은 漢字[正字]로 바꾸고, 漢字로 기록된 것은 그 讀音을 쓰시오. (1~20)

○ 소금꽃은 [1]해수가 소금으로 [2]변화하기 위해 꿈틀거리며 꽃을 피우는 순간의 결정체다. [3]농부는 이것을 소금밭에 쌓아둔다. [4]시간이 지나면 소금이 된다. [5]태양이 [6]음식의 [7]材料를 만드는 것이다.

○ [8]세상의 [9]만물은 좋은 것만을 독차지할 수 없다. 뿔을 가진 놈은 날카로운 이빨이 없고, 날개 달린 [10]鳥類는 다리가 두 개뿐이다. [11]명화는 열매가 [12]부실하고, 채색 구름은 흩어지기 쉽다. [13]技藝가 뛰어나면 공명은 떠나가는 것이 [14]理致다.

○ [15]언어 [16]情報 처리를 지원해 주는 전산언어학은 이 세상 모든 언어, 곧 음성 언어, [17]문자 언어를 [18]일종의 언어 자원으로 삼아 말뭉치, 전자 사전, 어휘망 등으로 가공하는 [19]研究 [20]분야이다.

1 [   ] 2 [   ]
3 [   ] 4 [   ]
5 [   ] 6 [   ]
7 [   ] 8 [   ]
9 [   ] 10 [   ]
11 [   ] 12 [   ]
13 [   ] 14 [   ]
15 [   ] 16 [   ]
17 [   ] 18 [   ]
19 [   ] 20 [   ]

02 다음 문장에서 밑줄 친 漢字語의 讀音을 쓰시오. (21~45)

○ [21]商街에 새롭게 [22]建築된 빌딩들이 줄지어 있다.

○ 그는 [23]故國에 돌아와서 [24]官職을 맡았다.

○ [25]極端적인 [26]主義에 머물기보다 [27]對談을 통해 문제를 [28]解決하는 [29]態度가 [30]賢明하다.

○ [31]合當한 [32]結論을 [33]導出해 낼 수 있는 [34]方法은 [35]連續적인 [36]訓練을 통하여 부단히 [37]努力할 때에 얻게 된다.

○ 창밖에 봄꽃이 [38]滿開하니 빈자가 [39]留宿하는 방에도 [40]香氣가 스며들어 [41]春心을 전한다.

○ [42]絶壁을 [43]背景으로 그린 [44]寶石 같은 그림이 [45]目前에 펼쳐졌다.

21 [   ] 22 [   ]
23 [   ] 24 [   ]
25 [   ] 26 [   ]
27 [   ] 28 [   ]
29 [   ] 30 [   ]
31 [   ] 32 [   ]
33 [   ] 34 [   ]
35 [   ] 36 [   ]
37 [   ] 38 [   ]
39 [   ] 40 [   ]
41 [   ] 42 [   ]
43 [   ] 44 [   ]
45 [   ]

03 다음 漢字의 訓과 音을 쓰시오. (46~67)

46 講 [   ] 47 個 [   ]
48 潔 [   ] 49 經 [   ]

50 係 [   ]   51 檀 [   ]

52 擔 [   ]   53 隊 [   ]

54 脈 [   ]   55 務 [   ]

56 味 [   ]   57 婦 [   ]

58 舍 [   ]   59 細 [   ]

60 陰 [   ]   61 處 [   ]

62 置 [   ]   63 統 [   ]

64 航 [   ]   65 鄕 [   ]

66 虛 [   ]   67 好 [   ]

04 다음 문장에서 밑줄 친 單語를 漢字[正字]로 쓰시오. (68~77)

68 책임 있는 행동을 하자.　　　　　[   ]

69 회의에 참석하다.　　　　　　　　[   ]

70 건강을 위해 운동을 하자.　　　　[   ]

71 새로운 방식을 신식이라고 한다. [   ]

72 현행 법규를 개정하였다.　　　　[   ]

73 그는 신념에 충실하였다.　　　　[   ]

74 식량과 의복이 부족하다.　　　　[   ]

75 이론을 수립하였다.　　　　　　[   ]

76 섬과 육지를 잇는 다리가 건설되었다. [   ]

77 그는 메이저 리그의 특급 투수이다. [   ]

05 다음 四字成語가 完成되도록 (   ) 속의 말을 漢字[正字]로 바꾸어 쓰시오. (78~82)

78 (경)天愛人　　　79 凶(악)無道

80 百(전)老將　　　81 敎學(상)長

82 多聞博(식)

06 다음 한자와 뜻이 반대 또는 상대되는 漢字[正字]를 (   ) 안에 적어 자주 쓰이는 漢字語를 만드시오. (83~85)

83 功(과)를 잘 구별해야 한다.

84 그의 실력은 (자)他가 공인하는 바이다.

85 (노)使 간의 합의가 잘 이루어지는 회사는 발

전할 가능성이 크다.

07 다음 漢字와 뜻이 같거나 비슷한 漢字[正字]를 (   ) 안에 적어 자주 쓰이는 漢字語를 만드시오. (86~88)

86 편리한 都(시) 생활.

87 發(전)하는 대한민국.

88 공개적인 (집)會.

08 다음 漢字語와 同音語(讀音이 같은 말)가 되도록 (   ) 안에 알맞은 漢字[正字]를 쓰되, 제시된 뜻에 맞추시오. (89~91)

89 古家 ~ 高(   ) : 비싼 가격.

90 單元 ~ (   )員 : 어떤 단체에 속한 사람.

91 事案 ~ (   )眼 : 역사를 이해하는 안목.

09 다음 漢字의 略字(약자 ; 획수를 줄인 한자)를 쓰시오. (92~94)

92 舊 [   ]　　　93 傳 [   ]

94 效 [   ]

10 다음 漢字의 部首를 쓰시오. (95~97)

95 弱 [   ]　　　96 養 [   ]

97 充

11 다음 漢字語의 뜻을 간단히 풀이하시오. (98~100)

98 創製 [   ]

99 除雪 [   ]

100 內助 [   ]

수험번호 □□□-□□-□□□□□　　　　성명 □□□□□

생년월일 □□□□□□

※ 유성 싸인펜, 붉은색 필기구 사용 불가.

※ 답안지는 컴퓨터로 처리되므로 구기거나 더럽히지 마시고, 정답 칸 안에만 쓰십시오. 글씨가 채점란으로 들어오면 오답처리가 됩니다.

제　　회 전국한자능력검정시험 4급Ⅱ 답안지(1)　(시험시간 50분)

번호	정답	1검	2검	번호	정답	1검	2검	번호	정답	1검	2검
1				17				33			
2				18				34			
3				19				35			
4				20				36			
5				21				37			
6				22				38			
7				23				39			
8				24				40			
9				25				41			
10				26				42			
11				27				43			
12				28				44			
13				29				45			
14				30				46			
15				31				47			
16				32				48			

감독위원	채점위원(1)		채점위원(2)		채점위원(3)	
(서명)	(득점)	(서명)	(득점)	(서명)	(득점)	(서명)

※ 뒷면으로 이어짐

※ 답안지는 컴퓨터로 처리되므로 구기거나 더럽히지 마시고, 정답 칸 안에만 쓰십시오. 글씨가 채점란으로 들어오면 오답처리가 됩니다.

제　　회 전국한자능력검정시험 4급Ⅱ 답안지(2)

번호	정답	1검	2검	번호	정답	1검	2검	번호	정답	1검	2검
49				67				85			
50				68				86			
51				69				87			
52				70				88			
53				71				89			
54				72				90			
55				73				91			
56				74				92			
57				75				93			
58				76				94			
59				77				95			
60				78				96			
61				79				97			
62				80				98			
63				81				99			
64				82				100			
65				83							
66				84							

(답 안 란 / 채점란 / 답 안 란 / 채점란 / 답 안 란 / 채점란)

문 항 수 : 100문항
합격문항 : 70문항
제한시간 : 50분

01 다음 글에서 밑줄 친 單語 중 한글로 표기된 것은 漢字(正字)로, 漢字로 표기된 것은 한글로 고쳐 쓰시오. (1~16)

○ [1]宗敎의 [2]大衆化에는 언제 어디서나 그렇듯이 일반 대중이 [3]사용하는 [4]日常의 언어를 전교의 수단으로 [5]動員하여야 한다. 균여 스님이 이것을 모를 리 없었다. 그 [6]당시 한문으로 적힌 [7]佛經을 [8]자유롭게 읽을 수 있는 [9]지식층은 매우 [10]制限되어 있었다. 이것을 타파하려면 말하듯이 적는 이른바 언문 [11]一致의 [12]표기 [13]방식으로 佛經을 [14]解說하거나 불교 노래를 보급할 [15]필요가 있었다. 그래서 [16]鄕歌로 된 보현십원가가 나올 수 있었던 것이다.

(심재기, 〈영락에서 탕평까지〉)

1 [   ]   2 [   ]
3 [   ]   4 [   ]
5 [   ]   6 [   ]
7 [   ]   8 [   ]
9 [   ]   10 [   ]
11 [   ]   12 [   ]
13 [   ]   14 [   ]
15 [   ]   16 [   ]

02 다음 문장에서 밑줄 친 漢字語의 讀音을 쓰시오. (17~44)

17 홍수에 대비해 河川을 정비하다. [   ]
18 賞金을 받다. [   ]
19 독도는 東海에 있다. [   ]
20 도움을 주어 感謝합니다. [   ]
21 배가 港口에 정박하다. [   ]
22 충치를 뽑으러 齒科에 가다. [   ]
23 손님을 接待하다. [   ]

24 그 일에 協助하다. [   ]
25 무게를 測量하다. [   ]
26 밤에 電燈을 켜다. [   ]
27 남북을 가로지르는 山脈 [   ]
28 산림을 保護하자 . [   ]
29 거래에서 利得을 보다. [   ]
30 김유신은 新羅의 장군 [   ]
31 식량을 충분히 準備하다. [   ]
32 아직은 餘分이 좀 있다. [   ]
33 네가 쓴 것은 誤答이다. [   ]
34 羊毛로 옷감을 짜다. [   ]
35 假面 무도회 [   ]
36 날씨가 더운 熱帶 지방 [   ]
37 물이 깊으니 여기서는 수영 禁止 [   ]
38 요즈음 北極의 눈이 녹아내린다. [   ]
39 물이 逆流하다. [   ]
40 精密한 기계 장치 [   ]
41 언제나 誠實한 사람 [   ]
42 우리가 지켜야 할 規律 [   ]
43 아버님이 病患을 이겨 내셨다. [   ]
44 우리나라는 法治 국가다. [   ]

03 다음 문장에서 밑줄 친 漢字語를 漢字(正字)로 쓰시오. (45~55)

45 목재로 집을 짓다. [   ]
46 오전 10시에 출발하자. [   ]
47 돈을 은행에 저축하다. [   ]
48 나무의 특성을 살리다. [   ]
49 그는 미술 시간이 좋았다 [   ]
50 여름이 되어 하복을 입었다. [   ]
51 작년 여름에 산 선풍기 [   ]

52 임금을 잘 섬기는 <u>신하</u>　　　[　　　]

53 공사에 필요한 <u>물품</u>을 사다.　　[　　　]

54 공급량을 적당하게 <u>조절</u>하다.　　[　　　]

55 그 일을 내가 <u>책임</u>지겠다.　　　[　　　]

04 다음 漢字의 訓과 音을 쓰시오. (56~68)

56 放 [　　　]　　**57** 旅 [　　　]

58 觀 [　　　]　　**59** 雲 [　　　]

60 蟲 [　　　]　　**61** 置 [　　　]

62 細 [　　　]　　**63** 聲 [　　　]

64 拜 [　　　]　　**65** 陰 [　　　]

66 暖 [　　　]　　**67** 德 [　　　]

68 怒 [　　　]　　**69** 檀 [　　　]

70 廣 [　　　]　　**71** 送 [　　　]

72 以 [　　　]　　**73** 退 [　　　]

74 他 [　　　]　　**75** 鳥 [　　　]

76 鼻 [　　　]　　**77** 炭 [　　　]

05 다음 (　) 안의 讀音에 해당하는 漢字(正字)를 써서 漢字語를 완성하시오. (78~82)

78 前代未(문)　　**79** 安貧(낙)道

80 士農工(상)　　**81** (경)天愛人

82 無男(독)女

06 다음 漢字語와 讀音이 같은 漢字語가 되도록 (　) 안에 漢字(正字)를 쓰되, 제시된 뜻에 맞추시오. (83~85)

83 引導 ~ 印(　) : 나라 이름

84 百味 ~ 白(　) : 흰쌀

85 原始 ~ (　)視 : 멀리 바라봄

07 다음 漢字와 뜻이 같거나 비슷한 漢字(正字)를 (　) 안에 넣어 글 속의 漢字語를 완성하시오. (86~88)

86 善(　)한 시민들

87 우리에겐 내일에 대한 希(　)이 있다.

88 (　)都는 서울이라는 뜻이다.

08 다음 漢字와 뜻이 反對 또는 相對되는 漢字(正字)를 (　) 안에 넣어 글 속의 漢字語를 완성하시오. (89~91)

89 스승과 師(　)의 정을 나누다.

90 功(　)를 따지다

91 최선을 다 했으니 (　)敗에 연연하지 않는다.

09 다음 漢字語의 일반적인 뜻을 쓰시오. (92~94)

92 夜景　　　[　　　　　　　]

93 石橋　　　[　　　　　　　]

94 家屋　　　[　　　　　　　]

10 다음 漢字의 部首를 쓰시오. (95~97)

95 爲 [　　　]　　**96** 副 [　　　]

97 孝 [　　　]

11 다음 漢字의 略字(약자 ; 획수를 줄인 한자)를 쓰시오. (98~100)

98 價 [　　　]　　**99** 效 [　　　]

100 醫 [　　　]

| 수험번호 | □□□-□□-□□□□ | 성명 | □□□□□ |

생년월일 □□□□□□

※ 유성 싸인펜, 붉은색 필기구 사용 불가.

※ 답안지는 컴퓨터로 처리되므로 구기거나 더럽히지 마시고, 정답 칸 안에만 쓰십시오. 글씨가 채점란으로 들어오면 오답처리가 됩니다.

제   회 전국한자능력검정시험 4급Ⅱ 답안지(1)   (시험시간 50분)

번호	정답	1검	2검	번호	정답	1검	2검	번호	정답	1검	2검
1				17				33			
2				18				34			
3				19				35			
4				20				36			
5				21				37			
6				22				38			
7				23				39			
8				24				40			
9				25				41			
10				26				42			
11				27				43			
12				28				44			
13				29				45			
14				30				46			
15				31				47			
16				32				48			

	감독위원	채점위원(1)		채점위원(2)		채점위원(3)	
	(서명)	(득점)	(서명)	(득점)	(서명)	(득점)	(서명)

※ 뒷면으로 이어짐

※ 답안지는 컴퓨터로 처리되므로 구기거나 더럽히지 마시고, 정답 칸 안에만 쓰십시오. 글씨가 채점란으로 들어오면 오답처리가 됩니다.

제　　회 전국한자능력검정시험 4급Ⅱ 답안지(2)

번호	정답	1검	2검	번호	정답	1검	2검	번호	정답	1검	2검
49				67				85			
50				68				86			
51				69				87			
52				70				88			
53				71				89			
54				72				90			
55				73				91			
56				74				92			
57				75				93			
58				76				94			
59				77				95			
60				78				96			
61				79				97			
62				80				98			
63				81				99			
64				82				100			
65				83							
66				84							

제4회

(社) 한국어문회 주관·한국한자능력검정회 시행

한자능력검정시험 4급Ⅱ 예상문제

문 항 수 : 100문항
합격문항 : 70문항
제한시간 : 50분

01 다음 글에서 밑줄 친 **單語** 중 한글로 표기된 것은 漢字(正字)로, 漢字로 표기된 것은 한글로 고쳐 쓰시오. (1~22)

○ 60년대 초 [1]産業化의 물결을 타고 [2]농촌 총각이 [3]都市로 [4]移動이 [5]시작되면서 [6]부모의 권위는 땅에 떨어지고 '잘 살아보자'는 구호 아래 40대 [7]職場인의 사망률이 [8]세계 [9]最高라는 명예를 얻었다. [10]물질의 풍요, [11]국가 [12]발전을 위해 인간적인 삶이란 말조차 없었다. 오직 [13]해외 노동자로, 공순이 공돌이라는 일벌레로 수십 년을 달려 왔다. 이런 [14]사회 [15]풍토 속에서 가족들은 뿔뿔이 흩어지고 혈연의 정은 엷어지면서 대가족이 [16]解體되고 애정 중심의 핵가족 [17]시대로 접어들었다. (이현복 〈수필춘추〉)

○ [18]조선에 '만세'가 일어나던 전해 겨울이다. 세계 대전이 막 끝나고 [19]휴전 조약이 [20]성립되어서, 세상은 비로소 번해진 듯싶고, 세계 개조의 소리가 [21]동양 [22]천지에도 떠들썩한 때이다. (염상섭 〈만세전〉)

1 [   ]   2 [   ]
3 [   ]   4 [   ]
5 [   ]   6 [   ]
7 [   ]   8 [   ]
9 [   ]   10 [   ]
11 [   ]   12 [   ]
13 [   ]   14 [   ]
15 [   ]   16 [   ]
17 [   ]   18 [   ]
19 [   ]   20 [   ]
21 [   ]   22 [   ]

02 다음 문장에서 밑줄 친 **漢字語**의 **讀音**을 쓰시오. (23~46)

23 체중 減量.   [   ]
24 식당에서는 禁煙해야 한다.   [   ]
25 流麗한 문장.   [   ]
26 저 악기는 調律이 필요하다.   [   ]
27 적절한 配置.   [   ]
28 소와 양 들을 放牧하다.   [   ]
29 處罰 강화.   [   ]
30 路邊에 코스모스가 웃고 있다.   [   ]
31 세금 明細書.   [   ]
32 전통적인 가치관을 固守하였다. [   ]
33 재산 相續.   [   ]
34 검정 시험에 應試하다.   [   ]
35 收益 사업.   [   ]
36 老將은 죽지 않고 사라진다.   [   ]
37 관세 障壁.   [   ]
38 영혼의 자리같이 精潔합니다.   [   ]
39 低溫 처리.   [   ]
40 몸이 아파서 早退하였다.   [   ]
41 除雪 작업.   [   ]
42 손님을 맞이할 準備하였다.   [   ]
43 도보 行進.   [   ]
44 새로운 사업을 創案하였다.   [   ]
45 제방 築造.   [   ]
46 골짜기에 銃聲이 울려 퍼졌다.   [   ]

03 다음 漢字의 訓과 音을 쓰시오. (47~68)

47 毛 [   ]   48 城 [   ]
49 羊 [   ]   50 博 [   ]
51 笑 [   ]   52 演 [   ]
53 拜 [   ]   54 受 [   ]

55 誤 [   ]   56 婦 [   ]

57 視 [   ]   58 爲 [   ]

59 貧 [   ]   60 深 [   ]

61 肉 [   ]   62 飛 [   ]

63 液 [   ]   64 引 [   ]

65 羅 [   ]   66 連 [   ]

67 留 [   ]   68 燈 [   ]

04 다음 문장에서 밑줄 친 漢字語를 漢字(正字)로 쓰시오. (69~77)

69 <u>우애</u>가 좋은 사이다.   [   ]

70 <u>변심</u>한 친구.   [   ]

71 <u>마음</u>에서 행복을 찾는다.   [   ]

72 참전 <u>용사</u>.   [   ]

73 고려인은 <u>상술</u>이 뛰어났다.   [   ]

74 우수한 <u>성능</u>.   [   ]

75 그들은 하나로 <u>결속</u>되었다.   [   ]

76 <u>객석</u>을 가득 메운 청중들.   [   ]

77 적군을 <u>식별</u>하기가 어렵다.   [   ]

05 다음 ( ) 안의 讀音에 해당하는 漢字(正字)를 써서 漢字語를 완성하시오. (78~82)

78 (훈)民正音   79 春夏(추)冬

80 知(과)必改   81 電光(석)火

82 事(친)以孝

06 다음 漢字와 뜻이 反對 또는 相對되는 漢字(正字)를 ( ) 안에 넣어 글 속의 漢字語를 완성하시오. (83~85)

83 <u>師( )</u>가 함께 등산을 하였다.

84 시냇물은 <u>( )夜</u>로 흐른다.

85 <u>( )後</u>가 뒤바뀌었다.

07 다음 漢字와 뜻이 같거나 비슷한 漢字(正字)를 ( ) 안에 넣어 글 속의 漢字語를 완성하시오. (86~88)

86 <u>單( )</u>으로 결정했다.

87 <u>( )速</u> 처리.

88 <u>安( )</u>이 제일이다.

08 다음 漢字語와 讀音이 같은 漢字語가 되도록 ( ) 안에 漢字(正字)를 쓰되, 제시된 뜻에 맞추시오. (89~91)

89 人情 ~ 認( ) : 확실히 그렇다고 여김.

90 許約 ~ 虛( ) : 힘이나 기운이 없고 약함.

91 主義 ~ ( )意 : 마음에 새겨 두고 조심함.

09 다음 漢字의 略字(약자 ; 획수를 줄인 한자)를 쓰시오. (92~94)

92 萬 [   ]   93 號 [   ]

94 當 [   ]

10 다음 漢字의 部首를 쓰시오. (95~97)

95 缺 [   ]

96 警 [   ]

97 難 [   ]

11 다음 漢字語의 일반적인 뜻을 쓰시오. (98~100)

98 筆寫   [   ]

99 停船   [   ]

100 製藥   [   ]

수험번호 □□□-□□-□□□□ **성명** □□□□□

생년월일 □□□□□□ ※ 유성 싸인펜, 붉은색 필기구 사용 불가.

※ 답안지는 컴퓨터로 처리되므로 구기거나 더럽히지 마시고, 정답 칸 안에만 쓰십시오. 글씨가 채점란으로 들어오면 오답처리가 됩니다.

제   회 전국한자능력검정시험 4급Ⅱ 답안지(1) (시험시간 50분)

번호	정답	1검	2검	번호	정답	1검	2검	번호	정답	1검	2검
1				17				33			
2				18				34			
3				19				35			
4				20				36			
5				21				37			
6				22				38			
7				23				39			
8				24				40			
9				25				41			
10				26				42			
11				27				43			
12				28				44			
13				29				45			
14				30				46			
15				31				47			
16				32				48			

	감독위원	채점위원(1)		채점위원(2)		채점위원(3)	
	(서명)	(득점)	(서명)	(득점)	(서명)	(득점)	(서명)

※ 뒷면으로 이어짐

※ 답안지는 컴퓨터로 처리되므로 구기거나 더럽히지 마시고, 정답 칸 안에만 쓰십시오. 글씨가 채점란으로 들어오면 오답처리가 됩니다.

제　　회 전국한자능력검정시험 4급Ⅱ 답안지(2)

번호	정답	1검	2검	번호	정답	1검	2검	번호	정답	1검	2검
	답 안 란	채점란			답 안 란	채점란			답 안 란	채점란	
49				67				85			
50				68				86			
51				69				87			
52				70				88			
53				71				89			
54				72				90			
55				73				91			
56				74				92			
57				75				93			
58				76				94			
59				77				95			
60				78				96			
61				79				97			
62				80				98			
63				81				99			
64				82				100			
65				83							
66				84							

제5회

(社) 한국어문회 주관·한국한자능력검정회 시행

한자능력검정시험 4급Ⅱ 예상문제

문 항 수 : 100문항
합격문항 : 70문항
제한시간 : 50분

01 다음 글에서 밑줄 친 **單語** 중 한글로 표기된 것은 漢字 (正字)로, 漢字로 표기된 것은 한글로 고쳐 쓰시오. (1~26)

○ 어떠한 [1]思想이나 철학이든지 그 [2]시대 상황과 [3]未來의 [4]역사 [5]발전에 있어서 [6]創造적이고 [7]救世적인 기여를 하지 못하고 인류의 이상을 [8]실현할 수 없는 것이라면 그 명맥이 상실되기 마련이다.

그러면 공자의 도는 전체 역사를 통하여 인류의 궁극의 목표와 이상 실현에 어떻게 기여해 왔으며, [9]인간의 세계에 있어서 未來 [10]指向적으로 추구되어야 할 가치관을 어떻게 설정하였으며 [11]과연 역사 발전을 어떻게 [12]提示했는가?

(『동서철학사상개요』, 김익수·원종홍)

○ 사람의 소지품 가운데는 [13]자기를 표현하는 [14]物件이 있다. [15]印章과 반지 같은 것은 그 대표적인 것이다. [16]전자는 각자의 [17]權利를 표시하는 표현이요 후자는 각자의 [18]약속을 표시하는 표현이다. [19]재산의 소유권이 印章으로써 [20]변동되고, 약혼이나 결혼이 반지로써 표시되는 것은 그러한 하나의 예들이다. 이를테면 전자가 인간의 [21]법적 표현이라면, 후자는 인간의 [22]精神적 표현으로서 다 같이 자기표현의 [23]性質을 가진 것이다. 그러나 [24]중요한 것은 이와 같은 자기표현으로서의 소지품은 대개 작은 물체로서 항상 몸에 지니고 다는 게 일반적인 관습이다. 자기를 표현해 주고 있는 물체는 이미 [25]單純한 물질이거나 편리한 [26]도구가 아니라 바로 자기 자신과 마찬가지다.

(조연현, 〈손수건의 사상〉)

1 [   ]   2 [   ]
3 [   ]   4 [   ]

5 [   ]   6 [   ]
7 [   ]   8 [   ]
9 [   ]   10 [   ]
11 [   ]   12 [   ]
13 [   ]   14 [   ]
15 [   ]   16 [   ]
17 [   ]   18 [   ]
19 [   ]   20 [   ]
21 [   ]   22 [   ]
23 [   ]   24 [   ]
25 [   ]   26 [   ]

02 다음 문장에서 밑줄 친 漢字語의 讀音을 쓰시오. (27~49)

27 그는 眼目이 뛰어나다. [   ]
28 남을 위해 奉仕도 해라. [   ]
29 경찰이 사건을 調査했다. [   ]
30 名聲이 자자하다. [   ]
31 목표 지점에 到達했다. [   ]
32 물가에서 婦女들이 빨래한다. [   ]
33 미리미리 準備하시오. [   ]
34 산에서 伐木을 했다. [   ]
35 떠오르는 太陽 [   ]
36 이곳은 출입 禁止 [   ]
37 다리가 부서져 假橋 설치 [   ]
38 새로운 理論 [   ]
39 都市에는 집들이 많다. [   ]
40 채소 價格이 내렸다. [   ]
41 내 고향은 農村이다. [   ]
42 국민 모두 節電 운동에 동참 [   ]
43 곤충에 대해 關心이 많다. [   ]
44 천연기념물을 保護합시다. [   ]
45 敎室에서는 조용히 하시오. [   ]

46 대표를 選擧로 뽑다. [　　　]

47 그는 돈 計算을 잘 한다. [　　　]

48 오늘은 두 시간 練習을 했다. [　　　]

49 그는 자신의 責任을 다 했다. [　　　]

03 다음 漢字의 訓과 音을 쓰시오. (50~71)

50 致 [　　　]　　**51** 序 [　　　]

52 如 [　　　]　　**53** 固 [　　　]

54 景 [　　　]　　**55** 葉 [　　　]

56 港 [　　　]　　**57** 效 [　　　]

58 衛 [　　　]　　**59** 聞 [　　　]

60 量 [　　　]　　**61** 登 [　　　]

62 留 [　　　]　　**63** 寫 [　　　]

64 終 [　　　]　　**65** 統 [　　　]

66 炭 [　　　]　　**67** 祖 [　　　]

68 障 [　　　]　　**69** 服 [　　　]

70 步 [　　　]　　**71** 暖 [　　　]

04 다음 문장에서 밑줄 친 漢字語를 漢字(正字)로 쓰시오. (72~77)

72 이제 곧 겨울 방학이다. [　　　]

73 연필로 필기를 하였다. [　　　]

74 온 세상이 백설로 뒤덮였다. [　　　]

75 벼의 품종 [　　　]

76 명랑한 성격 [　　　]

77 아버님의 연세 [　　　]

05 다음 (　) 안의 讀音에 해당하는 漢字(正字)를 써서 漢字語를 완성하시오. (78~82)

78 靑山(유)水　　**79** 獨守(공)房

80 (이)熱治熱　　**81** 語不成(설)

82 晝(야)長川

06 다음 漢字와 뜻이 反對 또는 相對되는 漢字(正字)를 (　) 안에 넣어 글 속의 漢字語를 완성하시오. (83~85)

83 (　)冷　　　　**84** 先(　)

85 (　)活

07 다음 漢字와 뜻이 같거나 비슷한 漢字(正字)를 (　) 안에 넣어 글 속의 漢字語를 완성하시오. (86~88)

86 (　)屋

87 養(　)

88 海(　)

08 다음 漢字語와 讀音이 같은 漢字語가 되도록 (　) 안에 漢字(正字)를 쓰되, 제시된 뜻에 맞추시오. (89~91)

89 加數~(　)手 : 노래하는 사람

90 意識~(　)食 : 옷과 음식

91 畫員~花(　) : 꽃 가게

09 다음 漢字의 略字(약자 ; 획수를 줄인 한자)를 쓰시오. (92~94)

92 醫 [　　　]　　　**93** 參 [　　　]

94 勞 [　　　]

10 다음 漢字의 部首를 쓰시오. (95~97)

95 勝 [　　　]　　　**96** 競 [　　　]

97 態 [　　　]

11 다음 漢字語의 일반적인 뜻을 쓰시오. (98~100)

98 陸地 [　　　　　　　　]

99 末端 [　　　　　　　　]

100 月光 [　　　　　　　　]

수험번호 □□□-□□-□□□□　　　성명 □□□□□

생년월일 □□□□□□

※ 유성 싸인펜, 붉은색 필기구 사용 불가.

※ 답안지는 컴퓨터로 처리되므로 구기거나 더럽히지 마시고, 정답 칸 안에만 쓰십시오. 글씨가 채점란으로 들어오면 오답처리가 됩니다.

제　　회 전국한자능력검정시험 4급Ⅱ 답안지(1)　(시험시간 50분)

번호	정답	1검	2검	번호	정답	1검	2검	번호	정답	1검	2검
1				17				33			
2				18				34			
3				19				35			
4				20				36			
5				21				37			
6				22				38			
7				23				39			
8				24				40			
9				25				41			
10				26				42			
11				27				43			
12				28				44			
13				29				45			
14				30				46			
15				31				47			
16				32				48			

	감독위원	채점위원(1)		채점위원(2)		채점위원(3)	
	(서명)	(득점)	(서명)	(득점)	(서명)	(득점)	(서명)

※ 뒷면으로 이어짐

※ 답안지는 컴퓨터로 처리되므로 구기거나 더럽히지 마시고, 정답 칸 안에만 쓰십시오. 글씨가 채점란으로 들어오면 오답처리가 됩니다.

제　　회 전국한자능력검정시험 4급Ⅱ 답안지(2)

번호	정답	1검	2검	번호	정답	1검	2검	번호	정답	1검	2검
	답 안 란	채점란			답 안 란	채점란			답 안 란	채점란	
49				67				85			
50				68				86			
51				69				87			
52				70				88			
53				71				89			
54				72				90			
55				73				91			
56				74				92			
57				75				93			
58				76				94			
59				77				95			
60				78				96			
61				79				97			
62				80				98			
63				81				99			
64				82				100			
65				83							
66				84							

01 다음 글에서 밑줄 친 單語 중 한글로 표기된 것은 漢字(正字)로, 漢字로 표기된 것은 한글로 고쳐 쓰시오. (1~24)

○ [1]친구 사이의 믿음이란 무엇인가? 벗과의 [2]關係는 원래부터 맺어져 있었던 것이 아니다. [3]사회생활을 영위하면서 [4]필요에 따라 [5]형성된 관계다. 따라서 언제든지 [6]斷絶될 가능성이 있다. 벗과의 '하나됨'을 위해서는 믿음이 [7]소중하다. 믿음은 [8]善意로 맺어졌을 때에 [9]確實하게 유지될 수 있다.

(이기동, 〈논어강설〉)

○ 무기력은 인간의 [10]본성이 아니다. 인간은 누구나 [11]활력을 갖고 태어났다. [12]생명이란 그런 것이다. 무기력은 [13]학습된 것이다. [14]反復적 고통이나 [15]失敗로 삶의 [16]목적을 잃은 것이다. 만약 [17]사업을 그만 둔 사람이 있다고 하자. 사업에 [18]素質이 없다는 것을 알고서 [19]進路를 바꾸고 취직하여 [20]熱心히 직장 생활을 했다면 그는 무기력한 것이 아니다. 새로운 [21]技術을 배워 다시 [22]시작했기 때문이다. 실패가 [23]原因이 되어 [24]현재의 발목을 잡는 것이 문제인 것이다.

(박경숙, 〈문제는 무기력이다〉)

1 [   ]   2 [   ]
3 [   ]   4 [   ]
5 [   ]   6 [   ]
7 [   ]   8 [   ]
9 [   ]   10 [   ]
11 [   ]   12 [   ]
13 [   ]   14 [   ]
15 [   ]   16 [   ]
17 [   ]   18 [   ]
19 [   ]   20 [   ]
21 [   ]   22 [   ]
23 [   ]   24 [   ]

02 다음 문장에서 밑줄 친 漢字語의 讀音을 쓰시오. (25~45)

25 상가가 密集한 지역이다.   [   ]
26 논어를 講讀하였다.   [   ]
27 清潔한 마음.   [   ]
28 官職을 맡게 되었다.   [   ]
29 權限을 위임 받았다.   [   ]
30 의문을 提起하였다.   [   ]
31 非難을 받았다.   [   ]
32 怒氣가 대단하였다.   [   ]
33 極端의 선택.   [   ]
34 그는 인생을 達觀하였다.   [   ]
35 문장이 流麗하다.   [   ]
36 성공의 連續.   [   ]
37 하나씩 羅列하였다.   [   ]
38 그 일은 保留하시오.   [   ]
39 調律이 필요하다.   [   ]
40 생명력이 充滿하다.   [   ]
41 文脈에 어울린다.   [   ]
42 적절한 配置.   [   ]
43 사실을 通報하였다.   [   ]
44 準備가 필요하다.   [   ]
45 힘차게 雄飛하자.   [   ]

03 다음 漢字의 訓과 음을 쓰시오. (46~67)

46 舍 [   ]   47 應 [   ]
48 聲 [   ]   49 認 [   ]
50 細 [   ]   51 障 [   ]
52 笑 [   ]   53 低 [   ]

54 授 [　　　　　]　55 田 [　　　　　]

56 液 [　　　　　]　57 祭 [　　　　　]

58 煙 [　　　　　]　59 際 [　　　　　]

60 往 [　　　　　]　61 早 [　　　　　]

62 容 [　　　　　]　63 志 [　　　　　]

64 圓 [　　　　　]　65 次 [　　　　　]

66 肉 [　　　　　]　67 銃 [　　　　　]

04 다음 문장에서 밑줄 친 漢字語를 漢字(正字)로 쓰시오.
(68~77)

68 구석기 유물이 출토되었다.　[　　　　]

69 사용하기에 편리하다.　[　　　　]

70 국가 대표를 선발하였다.　[　　　　]

71 명절에는 한복을 입는다.　[　　　　]

72 계속된 비로 수해를 입었다.　[　　　　]

73 음식물은 잘 소화시켜야 한다.　[　　　　]

74 장학 기금을 마련하였다.　[　　　　]

75 선배의 업적을 기념하였다.　[　　　　]

76 그는 독특한 성격의 소유자다.　[　　　　]

77 그녀는 명랑한 성격을 지녔다.　[　　　　]

05 다음 (　) 안의 讀音에 해당하는 漢字(正字)를 써서 漢字語를 완성하시오. (78~82)

78 全(지)全能　　79 (종)豆得豆

80 前無(후)無　　81 竹馬故(우)

82 (촌)鐵殺人

06 다음 漢字와 뜻이 反對 또는 相對되는 漢字(正字)를 (　) 안에 넣어 글 속의 漢字語를 완성하시오.
(83~85)

83 主(　)이 전도됨.

84 (　)夜로 공부함.

85 陰(　)의 조화.

07 다음 漢字와 뜻이 같거나 비슷한 漢字(正字)를 (　) 안에 넣어 글 속의 漢字語를 완성하시오. (86~88)

86 擧(　)이 불편함.

87 품행이 (　)正함.

88 기후가 (　)暖함.

08 다음 漢字語와 讀音이 같은 漢字語가 되도록 (　) 안에 漢字(正字)를 쓰되, 제시된 뜻에 맞추시오. (89~91)

89 試圖 ~ 市(　) : 시내 도로

90 新式 ~ (　)息 : 소식이나 편지

91 課稅 ~ (　)歲 : 설을 쇰

09 다음 漢字의 略字(약자 ; 획수를 줄인 한자)를 쓰시오.
(92~94)

92 當 [　　　　]　　93 變 [　　　　]

94 團 [　　　　]

10 다음 漢字의 部首를 쓰시오. (95~97)

95 商 [　　　　]　　96 養 [　　　　]

97 束 [　　　　]

11 다음 漢字語의 일반적인 뜻을 쓰시오. (98~100)

98 內助　　[　　　　　　　　　]

99 古城　　[　　　　　　　　　]

100 改敎　　[　　　　　　　　　]

수험번호 □□□-□□-□□□□　　　　**성명** □□□□□

생년월일 □□□□□□

※ 유성 싸인펜, 붉은색 필기구 사용 불가.

※ 답안지는 컴퓨터로 처리되므로 구기거나 더럽히지 마시고, 정답 칸 안에만 쓰십시오. 글씨가 채점란으로 들어오면 오답처리가 됩니다.

제   회 전국한자능력검정시험 4급Ⅱ 답안지(1) (시험시간 50분)

번호	정답	1검	2검	번호	정답	1검	2검	번호	정답	1검	2검
1				17				33			
2				18				34			
3				19				35			
4				20				36			
5				21				37			
6				22				38			
7				23				39			
8				24				40			
9				25				41			
10				26				42			
11				27				43			
12				28				44			
13				29				45			
14				30				46			
15				31				47			
16				32				48			

	감독위원	채점위원(1)		채점위원(2)		채점위원(3)	
	(서명)	(득점)	(서명)	(득점)	(서명)	(득점)	(서명)

※ 뒷면으로 이어짐

※ 답안지는 컴퓨터로 처리되므로 구기거나 더럽히지 마시고, 정답 칸 안에만 쓰십시오. 글씨가 채점란으로 들어오면 오답처리가 됩니다.

제　　회 전국한자능력검정시험 4급Ⅱ 답안지(2)

번호	정답	1검	2검	번호	정답	1검	2검	번호	정답	1검	2검
49				67				85			
50				68				86			
51				69				87			
52				70				88			
53				71				89			
54				72				90			
55				73				91			
56				74				92			
57				75				93			
58				76				94			
59				77				95			
60				78				96			
61				79				97			
62				80				98			
63				81				99			
64				82				100			
65				83							
66				84							

제7회
(社) 한국어문회 주관·한국한자능력검정회 시행
한자능력검정시험 4급Ⅱ 예상문제

문 항 수 : 100문항
합격문항 : 70문항
제한시간 : 50분

01 다음 글에서 밑줄 친 單語 중 한글로 표기된 것은 漢字(正字)로, 漢字로 표기된 것은 한글로 고쳐 쓰시오. (1~25)

○ 오늘날 학문의 ^[1]세계를 돌아보면 인문^[2]사회과학이나 ^[3]자연 ^[4]과학을 물론하고 매우 다양하여 옛 ^[5]분야에서 새 분야가 생기고 옛 방법에서 새 ^[6]방법이 나오는 것을 보게 된다. 또 그 ^[7]研究가 ^[8]個人의 힘으로 벅찰 때에는 공동 ^[9]작업으로 그것을 ^[10]進行하는 경우도 많다. 어떤 분야의 학문이건, 또 어떤 방법의 연구이건, 그 궁극적인 ^[11]목적은 지금까지 알려지지 않은 새로운 사실, 새로운 ^[12]眞理, 새로운 ^[13]規則을 탐구하고 ^[14]發見하여 이를 잘 적용하고 ^[15]이용함으로써 인류복지^[16]생활과 문화 발전에 이바지 하는 데에 있다고 하겠다.　(이병도, 〈학문의 길〉)

○ ^[17]신문의 일차적 기능이 사실의 신속, 정확한 ^[18]報道라는 점에 ^[19]留意한다면 신문을 통한 비판도 예외일 수는 없을 것이다. ^[20]主觀의 개입이 ^[21]許容되는 것은 ^[22]論議^[23]過程에서이지 대상이 되는 사물이 아니다. 그럼에도 불구하고 전혀 문젯거리도 되지 않을 ^[24]日常적인 일들을 상상력을 동원하여 침소봉대한다는 것은 악의에 찬 중상이라는 ^[25]誤解를 불러일으킬 우려마저 있는 것이다.
　(박상현, 〈비판에 대한 비평〉)

1 [　　　]　　2 [　　　]
3 [　　　]　　4 [　　　]
5 [　　　]　　6 [　　　]
7 [　　　]　　8 [　　　]
9 [　　　]　　10 [　　　]
11 [　　　]　　12 [　　　]
13 [　　　]　　14 [　　　]
15 [　　　]　　16 [　　　]
17 [　　　]　　18 [　　　]
19 [　　　]　　20 [　　　]
21 [　　　]　　22 [　　　]
23 [　　　]　　24 [　　　]
25 [　　　]

02 다음 문장에서 밑줄 친 漢字語의 讀音을 쓰시오. (26~46)

26 우리 宿所는 어디지? [　　　]
27 너희들은 親舊 사이니? [　　　]
28 지원자가 未達이다. [　　　]
29 이 볍씨는 좋은 品種이다. [　　　]
30 그는 單身으로 월남했다. [　　　]
31 열기구를 空中에 띄웠다. [　　　]
32 벌써 講壇에 선 지 30년이다. [　　　]
33 놀이터는 兒童을 위한 곳이다. [　　　]
34 영수의 목소리는 美聲이다. [　　　]
35 民衆의 목소리 [　　　]
36 산에서 伐木을 하다. [　　　]
37 교실을 淸掃하다. [　　　]
38 건전한 歌謠를 부르다. [　　　]
39 서민의 세금을 減稅하다. [　　　]
40 나는 北極을 탐험하고 싶다. [　　　]
41 지금 바깥 溫度는 몇 도지? [　　　]
42 바다에 汽船이 떠 있다. [　　　]
43 귀빈을 잘 護衛하라. [　　　]
44 내일 午後에는 비가 온단다. [　　　]
45 곧 반장 選擧가 있을 예정이다. [　　　]
46 축구 경기 중계 放送 [　　　]

03 다음 漢字의 訓과 音을 쓰시오. (47~68)

47 價 [　　　　　] 　　48 餘 [　　　　　]

49 備 [　　　　　] 　　50 信 [　　　　　]

51 爲 [　　　　　] 　　52 眼 [　　　　　]

53 休 [　　　　　] 　　54 好 [　　　　　]

55 草 [　　　　　] 　　56 鳥 [　　　　　]

57 雲 [　　　　　] 　　58 笑 [　　　　　]

59 橋 [　　　　　] 　　60 念 [　　　　　]

61 麗 [　　　　　] 　　62 流 [　　　　　]

63 步 [　　　　　] 　　64 打 [　　　　　]

65 深 [　　　　　] 　　66 輕 [　　　　　]

67 舍 [　　　　　] 　　68 育 [　　　　　]

04 다음 문장에서 밑줄 친 漢字語를 漢字(正字)로 쓰시오. (69~77)

69 <u>작년</u>에 산 옷 　　　　　　　　[　　　　]

70 그는 생전에 큰 <u>공덕</u>을 쌓았다. 　[　　　　]

71 홍보를 한 <u>효과</u>가 있었다. 　　[　　　　]

72 자신의 느낌을 말로 <u>표현</u>하다. 　[　　　　]

73 펜으로 <u>필기</u>하다. 　　　　　　[　　　　]

74 참치 잡는 <u>원양</u> 어선 　　　　[　　　　]

75 <u>태양</u>처럼 빛나다. 　　　　　　[　　　　]

76 온 세상이 <u>백설</u>로 덮였다. 　　[　　　　]

77 영수는 이번에 <u>중책</u>을 맡았다. 　[　　　　]

05 다음 (　) 안의 讀音에 해당하는 漢字(正字)를 써서 漢字語를 완성하시오. (78~82)

78 一脈相(통) 　　　79 弱肉(강)食

80 (세)時風俗 　　　81 百(전)老將

82 男女有(별)

06 다음 漢字와 뜻이 反對 또는 相對되는 漢字(正字)를 (　) 안에 넣어 글 속의 漢字語를 완성하시오. (83~85)

83 (　)敗 　　　　84 (　)低

85 出(　)

07 다음 漢字와 뜻이 같거나 비슷한 漢字(正字)를 (　) 안에 넣어 글 속의 漢字語를 완성하시오. (86~88)

86 (　)話 　　　　87 衣(　)

88 到(　)

08 다음 漢字語와 讀音이 같은 漢字語가 되도록 (　) 안에 漢字(正字)를 쓰되, 제시된 뜻에 맞추시오. (89~91)

89 失政 ~ 實(　) : 실제의 사정

90 地氣 ~ (　)己 : 자기를 알아주는 벗

91 家産 ~ 加(　) : 더하여 셈함

09 다음 漢字의 略字(약자 ; 획수를 줄인 한자)를 쓰시오. (92~94)

92 當 [　　　　] 　　93 廣 [　　　　]

94 醫 [　　　　]

10 다음 漢字의 部首를 쓰시오. (95~97)

95 權 [　　　　] 　　96 都 [　　　　]

97 展 [　　　　]

11 다음 漢字語의 일반적인 뜻을 쓰시오. (98~100)

98 詩題 　　　[　　　　　　　　　　]

99 晝夜 　　　[　　　　　　　　　　]

100 國運 　　　[　　　　　　　　　　]

수험번호 □□□-□□-□□□□　　　　**성명** □□□□□

생년월일 □□□□□□

※ 유성 싸인펜, 붉은색 필기구 사용 불가.

※ 답안지는 컴퓨터로 처리되므로 구기거나 더럽히지 마시고, 정답 칸 안에만 쓰십시오. 글씨가 채점란으로 들어오면 오답처리가 됩니다.

제　　회 전국한자능력검정시험 4급Ⅱ 답안지(1)　(시험시간 50분)

번호	정답	1검	2검	번호	정답	1검	2검	번호	정답	1검	2검
	답안란	채점란			답안란	채점란			답안란	채점란	
1				17				33			
2				18				34			
3				19				35			
4				20				36			
5				21				37			
6				22				38			
7				23				39			
8				24				40			
9				25				41			
10				26				42			
11				27				43			
12				28				44			
13				29				45			
14				30				46			
15				31				47			
16				32				48			

	감독위원	채점위원(1)		채점위원(2)		채점위원(3)	
	(서명)	(득점)	(서명)	(득점)	(서명)	(득점)	(서명)

※ 뒷면으로 이어짐

※ 답안지는 컴퓨터로 처리되므로 구기거나 더럽히지 마시고, 정답 칸 안에만 쓰십시오. 글씨가 채점란으로 들어오면 오답처리가 됩니다.

제　　회 전국한자능력검정시험 4급Ⅱ 답안지(2)

번호	정답	1검	2검	번호	정답	1검	2검	번호	정답	1검	2검
49				67				85			
50				68				86			
51				69				87			
52				70				88			
53				71				89			
54				72				90			
55				73				91			
56				74				92			
57				75				93			
58				76				94			
59				77				95			
60				78				96			
61				79				97			
62				80				98			
63				81				99			
64				82				100			
65				83							
66				84							

(社) 한국어문회 주관·한국한자능력검정회 시행

한자능력검정시험 4급Ⅱ 예상문제

문 항 수 : 100문항
합격문항 : 70문항
제한시간 : 50분

01 다음 글에서 밑줄 친 單語 중 한글로 표기된 것은 漢字(正字)로, 漢字로 표기된 것은 한글로 고쳐 쓰시오. (1~24)

○ 지난해 선정된 새 [1]國史 [2]교과서 [3]內容의 70~80%가 [4]현대사라고 한다. 이제는 국사편찬위원회 [5]制度에도 개혁이 필요하다고 생각되어 [6]외래어 [7]問題와 함께 정리해 [8]年初에 청와대에 전달했다. ~중략~ 한국사는 다양한 [9]분야에서 [10]공동 참여하는 [11]문화사 [12]중심으로 편찬되어야 할 것이다.

〈조선일보 2014, 12,4〉

○ [13]再活 [14]의학 치료는 외상 [15]發生 후 가능한 한 일찍 [16]시작해 6개월 내 집중 시행하면 그 [17]효과를 [18]極大화 할 수 있다. ~중략~ [19]事故를 당한 뒤 체계적인 재활에 도움이 될 [20]情報에 어두웠던 [21]교통사고 [22]후유 장애 [23]患者의 [24]日常 복귀를 앞당겨 주고 우리 교통 재활치료 수준을 한 단계 높일 계기가 될 것으로 기대를 건다.

〈조선일보, 2014, 12,4〉

1 [   ]   2 [   ]
3 [   ]   4 [   ]
5 [   ]   6 [   ]
7 [   ]   8 [   ]
9 [   ]   10 [   ]
11 [   ]   12 [   ]
13 [   ]   14 [   ]
15 [   ]   16 [   ]
17 [   ]   18 [   ]
19 [   ]   20 [   ]
21 [   ]   22 [   ]
23 [   ]   24 [   ]

02 다음 문장에서 밑줄 친 漢字語의 讀音을 쓰시오. (25~47)

25 잘못에 대해 용서를 비는, 謝過 [   ]
26 일을 해나가기 어려운 고비, 難關 [   ]
27 구제하고 보호하는, 救護 [   ]
28 오래 두고 가깝게 사귀는 사람, 親舊 [   ]
29 효성스러운 며느리, 孝婦 [   ]
30 은혜를 입은 스승, 恩師 [   ]
31 조사하여 살피는, 査察 [   ]
32 더 늘려 설치하는, 增設 [   ]
33 별똥별, 流星 [   ]
34 일부러 꾸며 내는 목소리, 假聲 [   ]
35 세금을 부과하는, 課稅 [   ]
36 속도가 매우 빠른, 快速 [   ]
37 웃으면서 이야기하는, 談笑 [   ]
38 거꾸로 된 순서, 逆順 [   ]
39 지키고 방어하는, 守備 [   ]
40 시험에 응하는, 應試 [   ]
41 납득하는, 承服 [   ]
42 상품이나 상금을 주는, 施賞 [   ]
43 새로 건축하는, 新築 [   ]
44 자신의 몸을 닦는, 修身 [   ]
45 비밀히 약속하는, 密約 [   ]
46 사업을 시작하는, 創業 [   ]
47 갑자기 쏟아지는 暴雨 [   ]

03 다음 漢字의 訓과 音을 쓰시오. (48~69)

48 街 [   ]   49 基 [   ]
50 暖 [   ]   51 島 [   ]
52 量 [   ]   53 令 [   ]
54 馬 [   ]   55 賣 [   ]
56 味 [   ]   57 法 [   ]

58 比 [   ]   59 鼻 [   ]

60 氷 [   ]   61 歲 [   ]

62 詩 [   ]   63 漁 [   ]

64 願 [   ]   65 卒 [   ]

66 忠 [   ]   67 赤 [   ]

68 送 [   ]   69 熱 [   ]

04 다음 문장에서 밑줄 친 漢字語를 漢字(正字)로 쓰시오. (70~77)

70 나무를 심는, <u>식수</u>   [   ]

71 한 회사에서 함께 일하는 동료, <u>사우</u>   [   ]

72 어떤 일을 시작한 사람, <u>원조</u>   [   ]

73 뜻을 정하여 굳게 먹는, <u>결의</u>   [   ]

74 차례로 여러 벼슬을 지내는, <u>역임</u>   [   ]

75 단체의 우두머리, <u>단장</u>   [   ]

76 약의 재료, <u>약재</u>   [   ]

77 눈앞에 벌어지는, <u>전개</u>   [   ]

05 다음 ( ) 안의 讀音에 해당하는 漢字(正字)를 써서 漢字語를 완성하시오. (78~82)

78 독자를 念(두)에 두고

79 봄이 시작되는 (시)期

80 우리 모두 幸(복)하길

81 물건을 집에 배달해 주는 (택)配

82 부모를 잘 섬기는 行(실)

06 다음 漢字와 뜻이 反對 또는 相對되는 漢字(正字)를 ( ) 안에 넣어 글 속의 漢字語를 완성하시오. (83~85)

83 ( )客이 전도된 상황

84 ( )鄕 : 서울과 시골

85 사건의 ( )末을 설명함

07 다음 漢字와 뜻이 같거나 비슷한 漢字(正字)를 ( ) 안에 넣어 글 속의 漢字語를 완성하시오. (86~88)

86 회원들의 結( )을 다짐

87 힘차게 虛( )을 나는 부엉이

88 3·8선 철조망의 ( )斷

08 다음 漢字語와 讀音이 같은 漢字語가 되도록 ( ) 안에 漢字(正字)를 쓰되, 제시된 뜻에 맞추시오. (89~91)

89 電氣 ~ 傳( ) : 전하여 듣고 기록함

90 江水 ~ ( )手 : 무리함을 무릅쓴 강력한 방법

91 名利 ~ 命( ) : 하늘이 내린 목숨과 자연의 이치

09 다음 漢字의 略字(약자 ; 획수를 줄인 한자)를 쓰시오. (92~94)

92 參 [   ]   93 體 [   ]

94 會 [   ]

10 다음 漢字의 部首를 쓰시오. (95~97)

95 號 [   ]   96 貨 [   ]

97 黑 [   ]

11 다음 漢字語의 일반적인 뜻을 쓰시오. (98~100)

98 當選 [   ]

99 性別 [   ]

100 首席 [   ]

수험번호 □□□-□□-□□□□　　**성명** □□□□□

생년월일 □□□□□□

※ 유성 싸인펜, 붉은색 필기구 사용 불가.

※ 답안지는 컴퓨터로 처리되므로 구기거나 더럽히지 마시고, 정답 칸 안에만 쓰십시오. 글씨가 채점란으로 들어오면 오답처리가 됩니다.

제　회 전국한자능력검정시험 4급Ⅱ 답안지(1)　(시험시간 50분)

번호	정답	1검	2검	번호	정답	1검	2검	번호	정답	1검	2검
	답안란	채점란			답안란	채점란			답안란	채점란	
1				17				33			
2				18				34			
3				19				35			
4				20				36			
5				21				37			
6				22				38			
7				23				39			
8				24				40			
9				25				41			
10				26				42			
11				27				43			
12				28				44			
13				29				45			
14				30				46			
15				31				47			
16				32				48			

	감독위원	채점위원(1)		채점위원(2)		채점위원(3)	
	(서명)	(득점)	(서명)	(득점)	(서명)	(득점)	(서명)

※ 뒷면으로 이어짐

※ 답안지는 컴퓨터로 처리되므로 구기거나 더럽히지 마시고, 정답 칸 안에만 쓰십시오. 글씨가 채점란으로 들어오면 오답처리가 됩니다.

제　　회 전국한자능력검정시험 4급Ⅱ 답안지(2)

번호	정답	1검	2검	번호	정답	1검	2검	번호	정답	1검	2검
49				67				85			
50				68				86			
51				69				87			
52				70				88			
53				71				89			
54				72				90			
55				73				91			
56				74				92			
57				75				93			
58				76				94			
59				77				95			
60				78				96			
61				79				97			
62				80				98			
63				81				99			
64				82				100			
65				83							
66				84							

01 다음 글에서 밑줄 친 單語 중 한글로 표기된 것은 漢字(正字)로, 漢字로 표기된 것은 한글로 고쳐 쓰시오. (1~24)

○ [1]修己 [2]治人은 유교의 [3]근본 [4]原理이다. 어떻게 [5]國家를 다스리고 [6]백성을 다스릴 것이냐, 유교의 가르침은 그 지혜를 [7]提示한다. [8]세상에는 修己를 아니 하고 治人부터 하려는 [9]部類에 속하는 인간들이 있다. 이것은 [10]指導자로서, [11]사회 생활을 하는 사람으로서 그 [12]義務와 [13]책임을 다하지 못하는 것이다. [14]論語에, 군자는 인생의 근본에 힘쓴다고 했다. 근본이 [15]確立되면 [16]목적을 이루는 그 [17]過程은 [18]자연스럽다. 기초를 튼튼히 하는 것이 가장 [19]중요한 [20]방법인 것이다. 그러면 인생의 기초는 무엇이냐. 내가 나를 갈고 닦아 나의 [21]성품을 순화시켜서 인격을 [22]完成함에 있는 것이다. 또한 스스로 [23]節制하여서 [24]空虛한 생각에 사로잡히지 말아야 할 것이다.

(논어 인생론, 〈안병욱 저〉)

1 [ ]		2 [ ]	
3 [ ]		4 [ ]	
5 [ ]		6 [ ]	
7 [ ]		8 [ ]	
9 [ ]		10 [ ]	
11 [ ]		12 [ ]	
13 [ ]		14 [ ]	
15 [ ]		16 [ ]	
17 [ ]		18 [ ]	
19 [ ]		20 [ ]	
21 [ ]		22 [ ]	
23 [ ]		24 [ ]	

02 다음 문장에서 밑줄 친 漢字語의 讀音을 쓰시오. (25~47)

25 經濟 발전 [   ]
26 국민 所得 증대 [   ]
27 職場이 늘어나다. [   ]
28 希望이 생겨나다. [   ]
29 백화점 店員 [   ]
30 親切한 사람들 [   ]
31 精密 기계 [   ]
32 미사일을 配置하다. [   ]
33 絶壁에서 떨어지다. [   ]
34 新婦 일기 [   ]
35 設備 투자 [   ]
36 미래를 향해 雄飛하자. [   ]
37 感謝하는 마음. [   ]
38 인공 衛星 [   ]
39 課稅 표준 [   ]
40 談笑를 나누다. [   ]
41 承認 요청 [   ]
42 그는 暗算을 잘 한다. [   ]
43 봄에는 나무에 樹液이 나온다. [   ]
44 공부에 餘念이 없다. [   ]
45 園藝 산업 [   ]
46 그는 성격이 圓滿하다. [   ]
47 移動 수단 [   ]

03 다음 漢字의 訓과 音을 쓰시오. (48~69)

48 寺 [   ]   49 肉 [   ]
50 益 [   ]   51 將 [   ]
52 田 [   ]   53 祭 [   ]
54 細 [   ]   55 齒 [   ]
56 香 [   ]   57 好 [   ]

58 斗 [   ]   59 毛 [   ]

60 味 [   ]   61 拜 [   ]

62 佛 [   ]   63 非 [   ]

64 容 [   ]   65 城 [   ]

66 志 [   ]   67 息 [   ]

68 深 [   ]   69 往 [   ]

04 다음 문장에서 밑줄 친 漢字語를 漢字(正字)로 쓰시오. (70~77)

70 그는 <u>재계</u>의 거물이다.   [   ]

71 <u>고전</u> 명저 읽기.   [   ]

72 회의에 <u>참석</u>하였다.   [   ]

73 모자라는 것을 <u>충당</u>하였다.   [   ]

74 미래를 위한 <u>약속</u>   [   ]

75 일등 <u>공신</u>   [   ]

76 <u>아동</u> 교육   [   ]

77 아이를 <u>입양</u>하였다.   [   ]

05 다음 (   ) 안의 讀音에 해당하는 漢字(正字)를 써서 漢字語를 완성하시오. (78~82)

78 그는 博學多(식)하다.

79 그것과 一脈相(통)한다.

80 강물은 晝(야)長川으로 흐른다.

81 세종이 訓(민)正音을 창제했다.

82 英(재)敎育을 실시하였다.

06 다음 漢字와 뜻이 反對 또는 相對되는 漢字(正字)를 (   ) 안에 넣어 글 속의 漢字語를 완성하시오. (83~85)

83 師(제)가 한마음이 되어

84 心(신)을 수련하고

85 (지)行을 일치시키자.

07 다음 漢字와 뜻이 같거나 비슷한 漢字(正字)를 (   ) 안에 넣어 글 속의 漢字語를 완성하시오. (86~88)

86 객관적인 (관)察을 통하여

87 사건의 眞(실)에

88 (도)達한다.

08 다음 漢字語와 讀音이 같은 漢字語가 되도록 (   ) 안에 漢字(正字)를 쓰되, 제시된 뜻에 맞추시오. (89~91)

89 强手 ~ (   )水 : 강물

90 韓紙 ~ 寒(   ) : 추운 지방

91 河東 ~ (   )冬 : 여름과 겨울

09 다음 漢字의 略字(약자 ; 획수를 줄인 한자)를 쓰시오. (92~94)

92 號 [   ]   93 價 [   ]

94 醫 [   ]

10 다음 漢字의 部首를 쓰시오. (95~97)

95 雨 [   ]   96 良 [   ]

97 州 [   ]

11 다음 漢字語의 일반적인 뜻을 쓰시오. (98~100)

98 直進   [   ]

99 每常   [   ]

100 如前   [   ]

| 수험번호 | □□□-□□-□□□□ | | 성명 | □□□□□ |

생년월일 □□□□□□

※ 유성 싸인펜, 붉은색 필기구 사용 불가.

※ 답안지는 컴퓨터로 처리되므로 구기거나 더럽히지 마시고, 정답 칸 안에만 쓰십시오. 글씨가 채점란으로 들어오면 오답처리가 됩니다.

제　　회 전국한자능력검정시험 4급Ⅱ 답안지(1)　(시험시간 50분)

답 안 란		채점란		답 안 란		채점란		답 안 란		채점란	
번호	정답	1검	2검	번호	정답	1검	2검	번호	정답	1검	2검
1				17				33			
2				18				34			
3				19				35			
4				20				36			
5				21				37			
6				22				38			
7				23				39			
8				24				40			
9				25				41			
10				26				42			
11				27				43			
12				28				44			
13				29				45			
14				30				46			
15				31				47			
16				32				48			

	감독위원	채점위원(1)		채점위원(2)		채점위원(3)	
	(서명)	(득점)	(서명)	(득점)	(서명)	(득점)	(서명)

※ 뒷면으로 이어짐

※ 답안지는 컴퓨터로 처리되므로 구기거나 더럽히지 마시고, 정답 칸 안에만 쓰십시오. 글씨가 채점란으로 들어오면 오답처리가 됩니다.

제　　회 전국한자능력검정시험 4급 Ⅱ 답안지(2)

번호	정답	1검	2검	번호	정답	1검	2검	번호	정답	1검	2검
49				67				85			
50				68				86			
51				69				87			
52				70				88			
53				71				89			
54				72				90			
55				73				91			
56				74				92			
57				75				93			
58				76				94			
59				77				95			
60				78				96			
61				79				97			
62				80				98			
63				81				99			
64				82				100			
65				83							
66				84							

한자능력검정시험 4급 II 예상문제 정답

【제1회】예상문제(51p~52p)

1 代表	2 통일	3 의사	4 地方
5 自己	6 不便	7 제정	8 해소
9 共通	10 수준	11 규정	12 친밀
13 感情	14 동시	15 사진	16 가설
17 요리	18 성인	19 금지	20 액체
21 농촌	22 실패	23 희망	24 쾌거
25 협조	26 애민	27 숙소	28 승리
29 배경	30 충만	31 동복	32 보답
33 연구	34 축제	35 응용	36 근시
37 청소	38 고속	39 필살	40 온도
41 영광	42 볕 양	43 들 야	44 허물 죄
45 씨 종	46 이를 도	47 살필 찰	48 바탕 질
49 남을 여	50 무리 대	51 갈 왕	52 소리 성
53 날 비	54 따뜻할 난	55 눈 안	56 오를 등
57 걸음 보	58 코 비	59 필 발	60 줄기 맥
61 이 치	62 겨레 족	63 힘쓸 무	64 材木
65 歲月	66 敎室	67 才能	68 見學
69 德行	70 午後	71 幸福	72 廣告
73 電線	74 鮮明	75 産業	76 變化
77 歷史	78 良	79 死	80 友
81 戰	82 識	83 始	84 足
85 當	86 歌	87 切	88 養
89 勇	90 童	91 空	92 号
93 医	94 伝	95 言	96 貝
97 夕	98 집	99 할아버지	100 길

【제3회】예상문제(59p~60p)

1 종교	2 대중화	3 使用	4 일상
5 동원	6 當時	7 불경	8 自由
9 知識	10 제한	11 일치	12 表記
13 方式	14 해설	15 必要	16 향가
17 하천	18 상금	19 동해	20 감사
21 항구	22 치과	23 접대	24 협조
25 측량	26 전등	27 산맥	28 보호
29 이득	30 신라	31 준비	32 여분
33 오답	34 양모	35 가면	36 열대
37 금지	38 북극	39 역류	40 정밀
41 성실	42 규율	43 병환	44 법치
45 木材	46 出發	47 銀行	48 特性
49 美術	50 夏服	51 昨年	52 臣下
53 物品	54 調節	55 責任	56 놓을 방
57 나그네 려	58 볼 관	59 구름 운	60 벌레 충
61 둘 치	62 가늘 세	63 소리 성	64 절 배
65 그늘 음	66 따뜻할 난	67 큰 덕	68 성낼 노
69 박달나무 단	70 넓을 광	71 보낼 송	72 써 이
73 물러날 퇴	74 다를 타	75 새 조	76 코 비
77 숯 탄	78 聞	79 樂	80 商
81 敬	82 獨	83 度	84 米
85 遠	86 良	87 望	88 京
89 弟	90 過	91 勝	92 밤의 경치
93 돌다리	94 (사람이 사는) 집	95 爪	
96 刂(刀)	97 子	98 価	99 効
100 医			

【제2회】예상문제(55p~56p)

1 海水	2 變化	3 農夫	4 時間
5 太陽	6 飮食	7 재료	8 世上
9 萬物	10 조류	11 名花	12 不實
13 기예	14 이치	15 言語	16 정보
17 文字	18 一種	19 연구	20 分野
21 상가	22 건축	23 고국	24 관직
25 극단	26 주의	27 대담	28 해결
29 태도	30 현명	31 합당	32 결론
33 도출	34 방법	35 연속	36 훈련
37 노력	38 만개	39 유숙	40 향기
41 춘심	42 절벽	43 배경	44 보석
45 목전	46 월 강	47 날 개	48 깨끗할 결
49 지날 경	50 맬 계	51 박달나무 단	52 멜 담
53 무리 대	54 줄기 맥	55 힘쓸 무	56 맛 미
57 며느리 부	58 집 사	59 가늘 세	60 그늘 음
61 곳 처	62 둘 치	63 거느릴 통	64 배 항
65 시골 향	66 빌 허	67 좋을 호	68 責任
69 參席	70 運動	71 新式	72 現行
73 信念	74 衣服	75 樹立	76 陸地
77 特級	78 敬	79 惡	80 戰
81 相	82 識	83 過	84 自
85 勞	86 市	87 展	88 集
89 價	90 團	91 史	92 旧
93 伝	94 効	95 弓	96 食
97 儿	98 처음으로 지음	99 쌓인 눈을 치움	
100 아내가 남편을 도움			

【제4회】예상문제(63p~64p)

1 산업화	2 農村	3 도시	4 이동
5 始作	6 父母	7 직장	8 世界
9 최고	10 物質	11 國家	12 發展
13 海外	14 社會	15 風土	16 해체
17 時代	18 朝鮮	19 休戰	20 成立
21 東洋	22 天地	23 감량	24 금연
25 유려	26 조율	27 배치	28 방목
29 처벌	30 노변	31 명세서	32 고수
33 상속	34 응시	35 수익	36 노장
37 장벽	38 정결	39 저온	40 조퇴
41 제설	42 준비	43 행진	44 창안
45 축조	46 총성	47 터럭 모	48 재 성
49 양 양	50 넓을 박	51 웃음 소	52 펼 연
53 절 배	54 받을 수	55 그르칠 오	56 며느리 부
57 볼 시	58 할 위	59 가난할 빈	60 깊을 심
61 고기 육	62 날 비	63 진 액	64 끌 인
65 벌릴 라	66 이을 련	67 머무를 류	68 등 등
69 友愛	70 變心	71 幸福	72 勇士
73 商術	74 性能	75 結束	76 客席
77 識別	78 訓	79 秋	80 過
81 石	82 親	83 弟	84 晝
85 前/先	86 獨	87 急	88 全
89 定	90 弱	91 注	92 万
93 号	94 当	95 缶	96 言
97 隹	98 베끼어 씀	99 배가 멈춤	100 약을 만듦

【제5회】 예상문제(67p~68p)

1 사상	2 時代	3 미래	4 歷史
5 發展	6 창조	7 구세	8 實現
9 人間	10 지향	11 果然	12 제시
13 自己	14 물건	15 인장	16 前者
17 권리	18 約束	19 財産	20 變動
21 法的	22 정신	23 성질	24 重要
25 단순	26 道具	27 안목	28 봉사
29 조사	30 명성	31 도달	32 부녀
33 준비	34 벌목	35 태양	36 금지
37 가교	38 이론	39 도시	40 가격
41 농촌	42 절전	43 관심	44 보호
45 교실	46 선거	47 계산	48 연습
49 책임	50 이를 치	51 차례 서	52 같을 여
53 굳을 고	54 볕 경	55 잎 엽	56 항구 항
57 본받을 효	58 지킬 위	59 들을 문	60 헤아릴 량
61 오를 등	62 머무를 류	63 베낄 사	64 마칠 종
65 거느릴 통	66 숯 탄	67 할아비 조	68 막을 장
69 옷 복	70 걸음 보	71 따뜻할 난	72 放學
73 筆記	74 白雪	75 品種	76 明朗
77 年歲	78 流	79 空	80 以
81 說	82 夜	83 溫	84 後
85 死	86 家	87 育	88 洋
89 歌	90 衣	91 園	92 医
93 参	94 労	95 力	96 立
97 心	98 땅	99 맨 끄트머리/맨끝	
100 달빛			

【제7회】 예상문제(75p~76p)

1 世界	2 社會	3 自然	4 科學
5 分野	6 方法	7 연구	8 개인
9 作業	10 진행	11 目的	12 진리
13 규칙	14 발견	15 利用	16 生活
17 新聞	18 보도	19 유의	20 주관
21 허용	22 논의	23 과정	24 일상
25 오해	26 숙소	27 친구	28 미달
29 품종	30 단신	31 공중	32 강단
33 아동	34 미성	35 민중	36 벌목
37 청소	38 가요	39 감세	40 북극
41 온도	42 기선	43 호위	44 오후
45 선거	46 방송	47 값 가	48 남을 여
49 갖출 비	50 믿을 신	51 하/할 위	52 눈 안
53 쉴 휴	54 좋을 호	55 풀 초	56 새 조
57 구름 운	58 웃음 소	59 다리 교	60 생각 념
61 고울 려	62 흐를 류	63 걸음 보	64 칠 타
65 깊을 심	66 가벼울 경	67 집 사	68 기를 육
69 昨年	70 功德	71 效果	72 表現
73 筆記	74 遠洋	75 太陽	76 白雪
77 重責	78 通	79 强	80 歲
81 戰	82 別	83 勝	84 高
85 入	86 說	87 服	88 着
89 情	90 知	91 算	92 当
93 広	94 医	95 木	96 阝(邑)
97 尸	98 시의 제목	99 낮과 밤	100 니라의 운명

【제6회】 예상문제(71p~72p)

1 親舊	2 관계	3 社會	4 必要
5 形成	6 단절	7 所重	8 선의
9 확실	10 本性	11 活力	12 生命
13 學習	14 반복	15 실패	16 目的
17 事業	18 소질	19 진로	20 열심
21 기술	22 始作	23 원인	24 現在
25 밀집	26 강독	27 청결	28 관직
29 권한	30 제기	31 비난	32 노기
33 극단	34 달관	35 유려	36 연속
37 나열	38 보류	39 조율	40 충만
41 문맥	42 배치	43 통보	44 준비
45 웅비	46 집 사	47 응할 응	48 소리 성
49 알 인	50 가늘 세	51 막을 장	52 웃음 소
53 낮을 저	54 줄 수	55 밭 전	56 진 액
57 제사 제	58 연기 연	59 즈음/가 제	60 갈 왕
61 이를 조	62 얼굴 용	63 뜻 지	64 둥글 원
65 버금 차	66 고기 육	67 총 총	68 出土
69 便利	70 代表	71 韓服	72 水害
73 消化	74 基金	75 記念	76 獨特
77 明朗	78 知	79 種	80 後
81 友	82 寸	83 客	84 晝
85 陽	86 動	87 方	88 溫
89 道	90 信	91 過	92 当
93 変	94 団	95 口	96 食
97 木	98 아내가 남편을 도움.	99 오래된 성	100 믿던 종교를 바꿈.

【제8회】 예상문제(79p~80p)

1 국사	2 教科	3 내용	4 現代
5 제도	6 外來	7 문제	8 연초
9 分野	10 共同	11 文化	12 中心
13 재활	14 醫學	15 발생	16 始作
17 效果	18 극대	19 사고	20 정보
21 交通	22 後有	23 환자	24 일상
25 사과	26 난관	27 구호	28 친구
29 효부	30 은사	31 사찰	32 증설
33 유성	34 가성	35 과세	36 쾌속
37 담소	38 역순	39 수비	40 응시
41 승복	42 시상	43 신축	44 수신
45 밀약	46 창업	47 폭우	48 거리 가
49 터 기	50 따뜻할 난	51 섬 도	52 헤아릴 량
53 하여금 령	54 말 마	55 팔 매	56 맛 미
57 법 법	58 견줄 비	59 코 비	60 얼음 빙
61 해 세	62 시 시	63 고기잡을 어	64 원할 원
65 마칠 졸	66 충성 충	67 붉을 적	68 보낼 송
69 더울 열	70 植樹	71 社友	72 元祖
73 決意	74 歷任	75 團長	76 藥材
77 展開	78 頭	79 時	80 福
81 宅	82 實	83 主	84 京
85 本	86 束	87 空	88 切
89 記	90 强	91 理	92 参
93 体	94 会	95 虍	96 貝
97 黑	98 선거에 뽑힘	99 남녀, 암수의 구별	
100 맨 윗자리			

【제9회】 예상문제(83p~84p)

1 수기	2 치인	3 根本	4 원리
5 國家	6 百姓	7 제시	8 世上
9 부류	10 지도	11 社會	12 의무
13 責任	14 논어	15 확립	16 目的
17 과정	18 自然	19 重要	20 方法
21 性品	22 완성	23 절제	24 공허
25 경제	26 소득	27 직장	28 희망
29 점원	30 친절	31 정밀	32 배치
33 절벽	34 신부	35 설비	36 웅비
37 감사	38 위성	39 과세	40 담소
41 승인	42 암산	43 수액	44 여념
45 원예	46 원만	47 이동	48 절 사
49 고기 육	50 더할 익	51 장수 장	52 밭 전
53 제사 제	54 가늘 세	55 이 치	56 향기 향
57 좋을 호	58 말 두	59 터럭 모	60 맛 미
61 절 배	62 부처 불	63 아닐 비	64 얼굴 용
65 재 성	66 뜻 지	67 쉴 식	68 깊을 심
69 갈 왕	70 財界	71 古典	72 參席
73 充當	74 約束	75 功臣	76 兒童
77 入養	78 識	79 通	80 夜
81 民	82 才	83 弟	84 身
85 知	86 觀	87 實	88 到
89 江	90 地	91 夏	92 号
93 価	94 医	95 雨	96 艮
97 川	98 곧바로 나아감	99 언제나, 늘	100 전과 같다.

한자능력검정시험

4급II 기출문제 (92~99회)

- 기출문제(92~99회)
- 정답(117p~118p)

➜ 본 기출문제는 수험생들의 기억에 의하여 재생된 문제입니다.

제92회
2021. 5. 15 시행
(社) 한국어문회 주관·한국한자능력검정회 시행
한자능력검정시험 4급Ⅱ 기출문제
문 항 수 : 100문항
합격문항 : 70문항
제한시간 : 50분

01 다음 밑줄 친 漢字語의 讀音을 쓰시오. (1~35)

○ "승객 여러분, 대단히 죄송합니다. 기계 이상 때문에 [1]空港 외곽에 [2]非常 [3]着陸을 [4]試圖하겠습니다. 승객 여러분들께서는 당황하지 마시고 안전띠를 맨 [5]狀態로 승무원의 [6]指示를 따라 주시기 바랍니다." 〈도덕 4〉

○ 눈금 실린더를 [7]使用하면 [8]液體의 부피를 [9]正確하게 [10]測定할 수 있습니다. 〈과학 3〉

○ 전기 [11]製品에는 위험할 때 전기를 [12]自動으로 차단해 주는 여러 가지 장치를 달아 누전이나 [13]感電 [14]事故를 미리 [15]防止합니다. 〈과학 5〉

○ 가야는 [16]新羅와 [17]百濟의 끊임없는 간섭과 [18]壓力 속에 두 나라와 [19]競爭할만한 세력으로 성장하지 못하고 [20]結局 신라에 의해 멸망하였다. 〈사회 5〉

○ [21]高句麗와의 [22]協商이 실패로 돌아가자 김춘추는 당나라로 건너가 [23]外交 담판을 벌여 백제 정벌을 위한 당나라 [24]軍隊의 지원을 [25]約束받았다. 〈사회과 탐구 5〉

○ 공정한 [26]分配라는 문제가 [27]解決되지 않고는 더 [28]以上의 성장이 어렵다는 것을 깨닫게 되었습니다. 〈생활의 길잡이 6〉

○ 국가의 [29]領土가 넓어지고, 인구가 많아지면서 모든 국민이 [30]政治에 [31]直接 참여하는 것이 어렵게 되었다. 〈사회 6〉

○ 사회가 [32]變化하면서 나타나는 새로운 문제들에 어떻게 [33]對處하느냐에 따라 [34]個人과 사회의 [35]未來가 달라질 수 있습니다. 〈사회 4〉

1 [   ] 2 [   ]
3 [   ] 4 [   ]
5 [   ] 6 [   ]
7 [   ] 8 [   ]
9 [   ] 10 [   ]
11 [   ] 12 [   ]
13 [   ] 14 [   ]
15 [   ] 16 [   ]
17 [   ] 18 [   ]
19 [   ] 20 [   ]
21 [   ] 22 [   ]
23 [   ] 24 [   ]
25 [   ] 26 [   ]
27 [   ] 28 [   ]
29 [   ] 30 [   ]
31 [   ] 32 [   ]
33 [   ] 34 [   ]
35 [   ]

02 다음 漢字의 訓과 音을 쓰시오. (36~57)

36 笑 [   ] 37 牧 [   ]
38 背 [   ] 39 豆 [   ]
40 氷 [   ] 41 秋 [   ]
42 湖 [   ] 43 齒 [   ]
44 打 [   ] 45 呼 [   ]
46 角 [   ] 47 飛 [   ]
48 雨 [   ] 49 足 [   ]
50 廣 [   ] 51 客 [   ]
52 多 [   ] 53 目 [   ]
54 席 [   ] 55 孫 [   ]
56 師 [   ] 57 信 [   ]

03 다음 문장에서 밑줄 친 漢字語를 漢字로 쓰시오. (58~77)

○ 요즘 [58]태양 [59]광선을 이용한 발전소가 늘어
나고 있다.
○ [60]연세가 많으신 [61]조부모님의 건강이 걱정
된다.
○ 집짓기에서 기둥을 세우는 일은 매우 [62]중요
한 [63]작업이다.
○ [64]시립과학관을 [65]견학하고 겨울에 자라는
[66]동초의 끈질긴 [67]생명력을 관찰하였다.
○ 학교 간 [68]야구 시합에서 [69]승리하여 큰 트
로피를 받았다.
○ 자신의 잘못된 행동을 [70]반성하고, [71]심신을
단련하여 건강한 삶을 누리자.
○ [72]반만년 [73]역사를 자랑하는 우리 [74]민족은
예로부터 [75]평화를 사랑하였다.
○ 그의 계급은 비록 [76]졸병이지만 용맹만큼은
장군 못지않다.
○ 마지막 졸업 시험을 우수한 성적으로 [77]통과
하여 대학에 진학하였다.

58 [ ]		59 [ ]	
60 [ ]		61 [ ]	
62 [ ]		63 [ ]	
64 [ ]		65 [ ]	
66 [ ]		67 [ ]	
68 [ ]		69 [ ]	
70 [ ]		71 [ ]	
72 [ ]		73 [ ]	
74 [ ]		75 [ ]	
76 [ ]		77 [ ]	

04 다음 ( ) 안의 讀音에 해당하는 漢字를 써서 漢字語
를 완성하시오. (78~82)

78 無男(독)女 : 아들 없는 집안의 외동딸
[ ]

79 文房四(우) : 종이·붓·먹·벼루의 네 문구를 일
컫는 말. [ ]

80 馬耳(동)風 : 남의 말을 귀담아듣지 않고 흘려
버림. [ ]

81 燈火可(친) : 등불이 밝아 책읽기가 좋음을 이
르는 말. [ ]

82 (구)牛一毛 : 많은 가운데서 가장 적은 것의
비유하는 말. [ ]

05 다음 ( ) 안에 뜻이 반대 또는 상대 되는 漢字를 넣어
문장에 어울리는 漢字語를 완성하시오. (83~85)

83 경기 결과에 따라 양 팀의 ( )暗이 엇갈렸다.

84 우리 아버지는 회사일로 晝( )로 바쁘게 일하
신다.

85 단순한 黑( )논리로 사건을 판단해서는 안 된다.

06 다음 ( ) 안에 뜻이 같거나 비슷한 漢字를 넣어 문장
에 어울리는 漢字語를 완성하시오. (86~88)

86 올 해는 작년 보다 비교적 ( )暖한 날씨가 될
것이라는 예보이다.

87 울창한 숲 속에 ( )木이 빽빽이 들어 서 있다.

88 이 놀이터는 兒( )들이 자유롭게 뛰놀 수 있는
곳이다.

07 다음 漢字語와 讀音이 같은 漢字語를 ( ) 안에 漢字
로 쓰되, 제시된 뜻에 맞추시오. (89~91)

89 假數 - ( )手 : 노래 부르는 것이 직업인 사람.

90 古典 - ( )戰 : 힘들고 어렵게 싸움.

91 夏期 - 下( ) : 깃발을 내림.

08 다음 漢字의 略字(약자; 획수를 줄인 한자)를 쓰시오.
(92~94)

92 價 [ ] 93 號 [ ]
94 傳 [ ]

09 다음 漢字의 部首를 쓰시오. (95~97)

95 買 [ ] 96 餘 [ ]
97 界 [ ]

⑩ 다음 漢字語의 바른 뜻을 〈보기〉에서 찾아 그 번호를 쓰시오. (98~100)

보기	① 동트는 새벽 ② 귀중한 물건 ③ 해변의 모래 ④ 착실하고 바르고 참됨. ⑤ 전체를 환하게 내다 봄. ⑥ 서로 돕고 의지함.

98 寶物   [   ]

99 誠實   [   ]

100 洞察   [   ]

제93회
2021. 7. 10 시행
(社) 한국어문회 주관·한국한자능력검정회 시행
한자능력검정시험 4급Ⅱ 기출문제
문 항 수 : 100문항
합격문항 : 70문항
제한시간 : 50분

01 다음 밑줄 친 漢字語의 讀音을 쓰시오. (1~35)

○ 6시간의 행군 끝에 정상에 [1]到達했다.

○ 공주는 [2]純白의 드레스를 입고 무도회에 나갔다.

○ 구호단체는 아프리카 [3]難民들에게 식량을 원조했다.

○ 국립도서관은 수많은 장서를 [4]保有하고 있다.

○ 농사가 [5]豐年이어서 농부들이 즐거워했다.

○ 높은 곳으로 올라가면 공기의 [6]密度가 낮아진다.

○ 누구에게나 똑같이 주어지는 시간 속에서 자신의 꿈과 [7]希望을 향해 [8]努力하는 것은 [9]結局 자신의 몫입니다. 〈생활의 길잡이 5〉

○ 동학은 봉건사회를 [10]打破하려 했던 농민 운동이었다.

○ 둘 이상의 [11]元素가 화합하면 새로운 물질이 만들어진다.

○ 사람들은 [12]職場이나 학교에서 돌아오면 편하게 쉬기도 하고, [13]個人의 [14]健康을 위해 운동을 하거나 [15]旅行을 가기도 합니다. 〈사회 4〉

○ 어른이 된 [16]處女, [17]總角은 평생을 함께할 것을 [18]約束하는 혼례를 치른다. 〈사회과 탐구 5〉

○ 여름에 [19]冷房病으로 병원을 찾는 사람이 늘고 있다.

○ 오늘 영화는 관객들에게 짜릿한 [20]快感을 주었다.

○ 요즘 방탄소년단의 인기는 과히 [21]暴發적이다.

○ 우리 [22]經濟가 점차 회복세로 돌아서고 있다.

○ 장영실은 그 능력을 [23]認定받아 태종 때부터 [24]宮中의 [25]技術者로 일하게 되었고, [26]以後 세종대왕의 [27]信任을 얻어 다른 학자들과 중국으로 [28]留學을 가서 천문 [29]器具를 공부하고 돌아왔다. 〈사회과 탐구 5〉

○ 전통 옹기 제작은 겨우 [30]命脈만을 이어 가는 실정이다.

○ 중동 지방은 [31]隊商들이 낙타나 말로 물건을 나른다.

○ 차량이 많아서 고속도로 [32]進入이 쉽지 않다.

○ 컴퓨터는 탄도를 계산할 목적으로 처음 [33]創案되었다고 한다.

○ 콩국수는 여름철 [34]別味이다.

○ [35]火星은 생물이 존재할 가능성이 가장 높은 행성이다.

1 [	]	2 [	]
3 [	]	4 [	]
5 [	]	6 [	]
7 [	]	8 [	]
9 [	]	10 [	]
11 [	]	12 [	]
13 [	]	14 [	]
15 [	]	16 [	]
17 [	]	18 [	]
19 [	]	20 [	]
21 [	]	22 [	]
23 [	]	24 [	]
25 [	]	26 [	]
27 [	]	28 [	]
29 [	]	30 [	]
31 [	]	32 [	]
33 [	]	34 [	]
35 [	]		

02 다음 漢字의 訓과 音을 쓰시오. (36~57)

36 製 [	]	37 益 [	]
38 講 [	]	39 興 [	]
40 導 [	]	41 殺 [	]
42 眞 [	]	43 牧 [	]

44 官 [   ]　　45 宗 [   ]

46 連 [   ]　　47 藝 [   ]

48 掃 [   ]　　49 暖 [   ]

50 退 [   ]　　51 請 [   ]

52 布 [   ]　　53 寶 [   ]

54 敵 [   ]　　55 申 [   ]

56 陰 [   ]　　57 呼 [   ]

03 다음 漢字의 部首를 쓰시오. (58~60)

58 景 [   ]　　59 競 [   ]

60 公 [   ]

04 다음 漢字의 略字를 쓰시오. (61~63)

61 當 [   ]　　62 獨 [   ]

63 參 [   ]

05 다음 밑줄 친 漢字와 뜻이 반대(또는 상대)되는 漢字를 ( ) 속에 적어 문장을 완성하시오. (64~66)

64 국내 최초로 都( ) 복합 신도시가 조성된다.

65 팀워크는 경기의 ( )敗를 판가름하는 결정적 요인이다.

66 요즘에는 전자출석부로 학생들의 ( )缺을 관리한다.

06 다음 밑줄 친 漢字와 뜻이 같거나 비슷한 漢字를 ( ) 속에 적어 문장을 완성하시오. (67~69)

67 주민 대부분이 도시로 떠나 마을에는 스무 ( )屋만 남았다.

68 대관령을 境( )로 하여 그 서쪽을 영서라 한다.

69 영희는 천성이 ( )朗하고 구김이 없다.

07 다음 제시한 漢字語와 同音語를 제시한 뜻에 맞추어 漢字로 쓰시오. (70~72)

70 加設 – 假( ) : 어떤 사실을 설명하려고 임시로 세운 이론

71 移記 – ( )己 : 자기 자신의 이익만을 꾀함.

72 主氣 – ( )期 : 같은 현상이 다시 되풀이되기까지의 기간.

08 다음 漢字語의 뜻을 〈보기〉에서 찾아 그 번호를 쓰시오. (73~75)

보기	① 길을 떠남. ② 정상에 올라섬. ③ 무리를 지어 달림. ④ 같은 속도. ⑤ 훌륭하고 멋진 경치. ⑥ 바람을 다스림.

73 等速 [   ]

74 登程 [   ]

75 風致 [   ]

09 다음 ( ) 안에 알맞은 漢字를 적어 四字成語를 완성하시오. (76~80)

76 (강)湖煙波 : 강이나 호수 위에 안개처럼 보얗게 이는 기운과 잔물결. [   ]

77 起(사)回生 : 거의 죽을 뻔하다가 도로 살아남. [   ]

78 多聞博(식) : 보고 들은 것이 많고 아는 것이 많음. [   ]

79 得(의)滿面 : 일이 뜻대로 이루어져 기쁜 표정이 얼굴에 가득함. [   ]

80 (화)容月態 : 꽃처럼 아름다운 얼굴과 달처럼 고운 자태. [   ]

10 다음 각 문장의 밑줄 친 漢字語를 漢字로 쓰시오 (81~100)

81 각종 언론인들은 전임 장관에 대한 공과를 따졌다. [   ]

82 개인정보공개동의서에는 자필로 서명을 하도록 되어 있었다. [   ]

83 국가는 <u>외교</u>를 통하여 자국의 이익을 도모한다.
[   ]

84 그 상점에서는 <u>정품</u>만을 골라서 공급하다.
[   ]

85 기다리던 합격 <u>통지</u>서를 받았다. [   ]

86 낙동강의 <u>본류</u>는 강원도의 한 작은 연못에서
시작된다. [   ]

87 남녀 불평등 사회가 <u>남아</u> 선호 사상을 양산한다.
[   ]

88 동명성왕은 고구려의 <u>시조</u>로 이름은 주몽이다.
[   ]

89 마음이 편한 곳이면 어디든 살기 좋은 <u>낙원</u>이다.
[   ]

90 <u>물질</u>적 풍요는 정신적 행복만큼 오래 가지 않
는다. [   ]

91 민희와 나는 친남매처럼 <u>우애</u>가 돈독했다.
[   ]

92 부대장은 늘 <u>사병</u>들의 건강 상태를 점검하였다.
[   ]

93 불의 역사는 인류의 <u>역사</u>와 함께 시작되었다.
[   ]

94 생태계 보호를 위한 획기적인 대책을 <u>수립</u>해야
한다. [   ]

95 아이들이 학교의 환경 <u>미화</u> 작업에 참여했다.
[   ]

96 아파트 <u>단지</u> 내에 놀이터와 상가를 모두 갖추
었다. [   ]

97 어젯밤의 <u>강우</u>로 둑이 무너졌다. [   ]

98 엄마 품에서 잠든 아기의 표정이 마냥 <u>행복</u>해
보였다. [   ]

99 요즘 나는 다이어트로 <u>체중</u>을 조절하고 있다.
[   ]

100 활주로 사정 때문에 <u>착륙</u>이 한 시간이나 지연
됐다. [   ]

제94회
2021. 9. 11 시행

(社) 한국어문회 주관 · 한국한자능력검정회 시행

한자능력검정시험 4급Ⅱ 기출문제

문 항 수 : 100문항
합격문항 : 70문항
제한시간 : 50분

01 다음 밑줄 친 漢字語의 讀音을 쓰시오. (1~35)

○ 남을 [1]理解하고 사랑하고 받아들이려면 먼저 자기 [2]自身을 사랑해야 합니다. 〈국어 5〉

○ [3]精神을 [4]集中하고 힘을 [5]調節하면서 표적의 한가운데를 [6]正確히 겨누어 봅시다. 〈체육 4〉

○ [7]傳統 공업은 그 지역의 [8]固有한 자연환경에 영향을 많이 받으며, 주로 [9]材料를 쉽게 구할 수 있는 곳에 [10]發達하였다. 〈사회 6〉

○ 다른 사람의 [11]感情, [12]意見, 주장에 대해 자신도 그렇다고 느끼는 것을 공감이라고 해요. 〈국어 5〉

○ 정약전은 [13]流配 생활을 하는 동안 흑산도 주변의 물고기와 바다 [14]生物들을 [15]觀察하여 〈자산어보〉를 썼다. 〈사회 5〉

○ [16]分斷 비용에는 남북 [17]對決로 인한 [18]安保 유지비용도 있다. 〈사회과 탐구 6〉

○ 정조는 [19]忠臣을 골고루 [20]登用하여 [21]王權을 [22]强化하고자 노력하였다. 〈사회 5〉

○ [23]政府와 [24]業界가 [25]共通으로 [26]北極 [27]航路에 [28]關心을 가지는 것도 이로 인한 [29]經濟的 [30]利益 때문이다. 〈국어 6〉

○ 게임을 [31]始作하면 뿔뿔이 흩어진 사람들을 모아 마을을 만들고, 논밭을 일구어 곡식을 심고, [32]工場을 세우고, 산에 성을 쌓아 [33]軍士들을 [34]訓練시켜 귀신들을 물리쳐야 하는데, 그 일이 만만치 않아서 한번 시작하면 [35]時間 가는 줄 모른다. 〈국어 5〉

1 [　　　]		2 [　　　]	
3 [　　　]		4 [　　　]	
5 [　　　]		6 [　　　]	
7 [　　　]		8 [　　　]	
9 [　　　]		10 [　　　]	
11 [　　　]		12 [　　　]	
13 [　　　]		14 [　　　]	
15 [　　　]		16 [　　　]	
17 [　　　]		18 [　　　]	
19 [　　　]		20 [　　　]	
21 [　　　]		22 [　　　]	
23 [　　　]		24 [　　　]	
25 [　　　]		26 [　　　]	
27 [　　　]		28 [　　　]	
29 [　　　]		30 [　　　]	
31 [　　　]		32 [　　　]	
33 [　　　]		34 [　　　]	
35 [　　　]			

02 다음 漢字의 訓과 音을 쓰시오. (36~57)

36 端 [　　　]		37 笑 [　　　]	
38 志 [　　　]		39 起 [　　　]	
40 麗 [　　　]		41 暗 [　　　]	
42 努 [　　　]		43 博 [　　　]	
44 創 [　　　]		45 誠 [　　　]	
46 求 [　　　]		47 硏 [　　　]	
48 快 [　　　]		49 好 [　　　]	
50 味 [　　　]		51 退 [　　　]	
52 尊 [　　　]		53 破 [　　　]	
54 肉 [　　　]		55 兒 [　　　]	
56 希 [　　　]		57 師 [　　　]	

03 다음 문장에서 밑줄 친 漢字語를 漢字로 쓰시오. (58~77)

○ 떡볶이 만드는 [58]방법을 순서대로 [59]설명하겠습니다.

○ [60]광고는 [61]상품이나 생각을 알리고 권장하는 것입니다.

○ 김홍도는 풍속화에 능하여 [62]조선 후기의 [63]미술을 빛냈습니다.

○ 여러 가지 [64]도형을 직사각형과 정사각형으로 나누어 넓이를 [65]계산합니다.

○ 카멜레온은 [66]변색의 명수다.

○ 우리는 기후 변화라는 공동의 [67]운명을 맞이한 [68]지구를 살려야 합니다.

○ 날씨가 추우면 [69]세수를 하기 싫다는 [70]친구의 이야기에 [71]교실이 웃음바다가 되었습니다.

○ 마라톤은 [72]육상 경기에서 가장 오랜 시간 달리는 장거리 경주 [73]종목으로, 42.195km를 달리는 경기입니다.

○ [74]민화는 일상생활에서 항상 접하는 해와 달, 나무, 꽃, 동물, 물고기 등을 소재로 하여 [75]행복하게 살고 싶은 서민들의 [76]소망을 [77]표현하였습니다.

58 [ ]	59 [ ]
60 [ ]	61 [ ]
62 [ ]	63 [ ]
64 [ ]	65 [ ]
66 [ ]	67 [ ]
68 [ ]	69 [ ]
70 [ ]	71 [ ]
72 [ ]	73 [ ]
74 [ ]	75 [ ]
76 [ ]	77 [ ]

04 다음 ( ) 안의 讀音에 해당하는 漢字를 써서 漢字語를 완성하시오. (78~82)

78 (독)立萬歲 : 다른 것에 예속하거나 의존하지 아니하는 상태로 영원히 삶. [   ]

79 連(전)連勝 : 때마다 연달아 이김. [   ]

80 男女(노)少 : 남자와 여자, 늙은이와 젊은이란 뜻으로, 모든 사람을 이르는 말. [   ]

81 右往(좌)往 : 이리저리 왔다 갔다 하며 일이나 나아가는 방향을 종잡지 못함. [   ]

82 溫故知(신) : 옛 것을 익혀 새것을 앎. [   ]

05 다음 ( ) 안에 뜻이 반대 또는 상대 되는 漢字를 넣어 문장에 어울리는 漢字語를 완성하시오. (83~85)

83 인공지능 분야에 4차 산업혁명의 死( )이 달려 있다.

84 승패가 같은 경우에 골 得( ) 차로 본선 진출을 가린다.

85 실패의 因( ) 관계를 살펴 실패를 반복하지 말아야 한다.

06 다음 ( ) 안에 뜻이 같거나 비슷한 漢字를 넣어 문장에 어울리는 漢字語를 완성하시오. (86~88)

86 한국은 식민지, 전쟁, 가난 등 ( )難의 시대를 이기고 마침내 선진국 대열에 들어섰다.

87 코로나를 이기려면 개인 방역과 충분한 ( )息으로 면역력을 높여야 합니다.

88 平( )는 튼튼한 국방이 뒷받침되지 못하면 더 큰 전쟁을 불러왔음이 역사의 교훈입니다.

07 다음 漢字語와 讀音이 같은 漢字語를 ( ) 안에 漢字로 쓰되, 제시된 뜻에 맞추시오. (89~91)

89 加勢 - ( )勢 : 집안 살림살이 따위의 형세.

90 仕官 - ( )官 : 역사편찬을 맡아 보는 벼슬.

91 解毒 - ( )毒 : 좋고 바른 것을 망치거나 손해를 끼침.

08 다음 漢字의 略字(약자; 획수를 줄인 한자)를 쓰시오. (92~94)

92 團 [   ]   93 禮 [   ]

94 實 [   ]

09 다음 漢字의 部首를 쓰시오. (95~97)

95 晝 [   ]   96 賣 [   ]

97 養 [   ]

10 다음 漢字語의 바른 뜻을 〈보기〉에서 찾아 그 번호를 쓰시오. (98~100)

보기	① 공산주의 세력을 막아 냄. ② 재질이 나쁜 물건. ③ 넉넉하고 많음. ④ 적의 항공기나 미사일의 공격을 막음. ⑤ 바람 소리. ⑥ 사물이나 현상의 거짓 없는 모습이나 내용.

98 豊盛   [   ]

99 眞相   [   ]

100 防空   [   ]

제95회
2021. 11. 20 시행
(社) 한국어문회 주관·한국한자능력검정회 시행
한자능력검정시험 4급Ⅱ 기출문제
문 항 수 : 100문항
합격문항 : 70문항
제한시간 : 50분

01 다음 밑줄 친 漢字語의 讀音을 쓰시오. (1~35)

○ [1]經典을 공부하거나 어려운 [2]修行을 하지 않아도 깨달음을 얻을 수 있다는 [3]佛敎의 가르침은 백성들의 마음속에 자리 잡았다. 〈사회 5〉

○ 고려의 삼별초는 [4]背水의 진을 치고 결전을 준비했다.

○ 그곳에는 높고 튼튼한 [5]石壁이 세워져 있었다.

○ 나는 영희의 [6]快活한 모습이 좋다.

○ [7]團體 참가의 경우, [8]申請書를 [9]提出한 뒤에는 [10]人員數나 참가자의 변경이 어려우므로 [11]注意하시기 바랍니다. 〈국어 6〉

○ 당대표는 임기를 마치고 [12]黨職에서 물러났다.

○ 대개 열대성 저기압은 [13]暴雨를 동반한다.

○ 대통령은 동남아 국가들을 [14]禮訪한 후 귀국하였다.

○ 망고는 [15]暖帶 지방에서 재배되는 과일이다.

○ 민의를 자유롭게 표현하고 전달하는 데는 [16]言論의 역할이 중요하다.

○ 사람들은 신분이나 [17]財産, [18]性別, 외모 등에 [19]關係없이 누구나 자유롭고 평등하게 [20]政治에 참여할 수 있는 [21]制度를 만들기 위해서 많은 [22]努力을 하였다. 〈사회 6〉

○ 성삼문은 집현전 학사로서 훈민정음 [23]創製에 참여했다.

○ 소리는 그 음의 높낮이에 따라 [24]波長이 다르다.

○ 여러 사람 앞에서 [25]親舊들과 함께 촌극을 [26]公演하려면 어떤 [27]準備를 해야 할까요? 〈국어 5〉

○ 옛날에는 소금이 [28]齒藥 대신에 쓰이기도 하였다.

○ 외신 기자가 현장의 뉴스를 이메일로 [29]電送했다.

○ 우리 학교 기숙사에 서울 출신 학생은 [30]入숨할 수 없다.

○ 우리는 권력을 남용하는 사회적 악습을 [31]打破해야 한다.

○ 유통 구조를 [32]改善하면 생산성을 향상시킬 수 있다.

○ 정확한 문장이 만들어지려면, 주어와 서술어가 잘 [33]呼應되어야 한다.

○ 체력에 맞추어 운동량을 [34]加減하는 것이 바람직하다.

○ 최치원은 당나라에서 [35]名聲을 날리고 신라로 돌아왔다.

1 [	]	2 [	]
3 [	]	4 [	]
5 [	]	6 [	]
7 [	]	8 [	]
9 [	]	10 [	]
11 [	]	12 [	]
13 [	]	14 [	]
15 [	]	16 [	]
17 [	]	18 [	]
19 [	]	20 [	]
21 [	]	22 [	]
23 [	]	24 [	]
25 [	]	26 [	]
27 [	]	28 [	]
29 [	]	30 [	]
31 [	]	32 [	]
33 [	]	34 [	]
35 [	]		

02 다음 漢字의 訓과 音을 쓰시오. (36~57)

36 限 [   ]　　37 深 [   ]

38 榮 [   ]　　39 助 [   ]

40 肉 [   ]　　41 罰 [   ]

42 毛 [   ]　　43 導 [   ]

44 授 [   ]　　45 護 [   ]

46 障 [   ]　　47 連 [   ]

48 豊 [   ]　　49 眞 [   ]

50 城 [   ]　　51 康 [   ]

52 興 [   ]　　53 起 [   ]

54 蟲 [   ]　　55 警 [   ]

56 句 [   ]　　57 寺 [   ]

03 다음 漢字의 部首를 쓰시오. (58~60)

58 故 [   ]　　59 男 [   ]

60 列 [   ]

04 다음 漢字의 略字(약자)를 쓰시오. (61~63)

61 獨 [   ]　　62 畫 [   ]

63 傳 [   ]

05 다음 밑줄 친 漢字와 뜻이 반대(또는 상대)되는 漢字를 ( ) 속에 적어 문장을 완성하시오. (64~66)

64 이곳에서는 친환경 농산물만 去( )한다.

65 노사 간의 복잡한 ( )害관계를 풀기 위한 회의가 열렸다.

66 청중 앞에서도 그녀는 ( )終 침착한 목소리로 연설하였다.

06 다음 밑줄 친 漢字와 뜻이 같거나 비슷한 漢字를 ( ) 속에 적어 문장을 완성하시오. (67~69)

67 야당은 대통령의 談( )에 대한 논평을 내놓았다.

68 두 사람은 수익금을 똑같이 配( )하기로 약속하였다.

69 그 노인은 의자에 앉아 한동안 想( )에 잠겨 있었다.

07 다음 제시한 漢字語와 뜻에 맞는 同音語를 漢字로 쓰시오. (70~72)

70 假設 – 街( ) : 거리에서 떠도는 이야기.

71 以東 – 移( ) : 움직여 옮김.

72 正圓 – 庭( ) : 집 안에 있는 뜰이나 꽃밭.

08 다음 漢字語의 뜻을 〈보기〉에서 찾아 그 번호를 쓰시오. (73~75)

보기	① 끊었다 이었다 함. ② 법규를 지키도록 통제함. ③ 감독하고 관리함. ④ 불이 나는 것을 미리 막음. ⑤ 고맙게 여김. ⑥ 일부러 불을 지름.

73 監理　　　　　　　　[   ]

74 斷續　　　　　　　　[   ]

75 防火　　　　　　　　[   ]

09 다음 ( ) 안에 알맞은 漢字를 적어 성어를 완성하시오. (76~80)

76 前代未(문) : 이제까지 들어본 적이 없는 일.
　　　　　　　　　　　　[   ]

77 (종)豆得豆 : 콩을 심으면 반드시 콩이 나옴. 원인에 따라 결과가 생김.　　[   ]

78 一脈(상)通 : 하나의 맥락으로 서로 통함.
　　　　　　　　　　　　[   ]

79 博學(다)識 : 학식이 넓고 아는 것이 많음.
　　　　　　　　　　　　[   ]

80 燈下不(명) : 등잔 밑이 어두움. [   ]

10 다음 각 문장의 밑줄 친 漢字語를 漢字로 쓰시오. (81~100)

81 고분 벽화에는 용맹한 고구려 전사들의 모습이 그려져 있었다.　　　　　[   ]

82 공자는 인륜과 <u>도덕</u>을 밝힌 사상가이다.
[   ]

83 과학이 인류를 위협하는 수단으로 <u>악용</u>될 수도 있다. [   ]

84 글을 쓸 때에는 <u>목적</u>에 맞는 글감을 잘 선택해야 한다. [   ]

85 다급한 용무가 생겨 그는 회의에 <u>참석</u>하지 못했다. [   ]

86 독서는 간접 경험의 가장 좋은 <u>방법</u>이다.
[   ]

87 민주주의는 개인의 <u>자유</u>를 보장한다. [   ]

88 비가 많이 와서 계곡 <u>상류</u>에 물이 많이 불어났다.
[   ]

89 비가 오면서 <u>기온</u>이 뚝 떨어졌다. [   ]

90 선생님께서 오늘 배운 내용의 핵심을 <u>요약</u>하라고 하셨다. [   ]

91 성능 좋은 전기차가 <u>개발</u>될 예정이다.
[   ]

92 수평선 너머에서 눈부신 <u>태양</u>이 떠올랐다.
[   ]

93 어머니는 낡은 부엌 <u>가구</u>를 교체하셨다.
[   ]

94 우리나라가 도자기를 제조한 <u>역사</u>는 무척이나 오래됐다. [   ]

95 우선 눈앞에 닥친 <u>당면</u> 문제부터 해결하자.
[   ]

96 이 책은 우리말의 오용 <u>사례</u>를 정리해 놓았다.
[   ]

97 자기가 원하는 모든 것을 <u>충족</u>시키며 살기는 어렵다. [   ]

98 장군은 휘하 병졸들의 사기를 북돋아 주었다.
[   ]

99 정부는 생필품 가격을 비롯한 <u>물가</u> 안정에 총력을 기울였다. [   ]

100 최근에는 스마트 농법으로 양질의 농산물을 수확한다. [   ]

제96회
2022. 2. 26 시행
(社) 한국어문회 주관·한국한자능력검정회 시행
한자능력검정시험 4급Ⅱ 기출문제
문 항 수 : 100문항
합격문항 : 70문항
제한시간 : 50분

01 다음 밑줄 친 漢字語의 讀音을 쓰시오. (1~35)

○ 우리는 결혼반지를 맞추려고 오후 내내 귀금속 [1]都賣 [2]商街를 돌아다녔다.

○ [3]選擧가 공정히 치러지는지를 [4]監視하기 위한 [5]民間 기구가 [6]設置되었다.

○ 흰색에서 수반되는 [7]感情으로 환희, [8]神聖, [9]純潔, 신앙, 청결 등을 들 수 있다.

○ 회사 내의 전 지역에서 [10]禁煙이 [11]實施된 다는 말을 듣고 민재는 흡연하는 사람들의 [12]權利도 [13]保障되어야 한다며 흥분했다.

○ [14]溫室에서는 겨울철의 [15]暖房과 더불어 여름철의 환기도 [16]重要하다.

○ 연말 불우이웃 돕기 바자회에 각 당의 [17]黨員이 소속 정당과 [18]關係없이 합심하여 자원봉사를 하기로 [19]決議했다.

○ 이렇게 되면 그는 140주 [20]連續 [21]放送이라는 [22]記錄을 세우게 된다.

○ [23]每週 [24]土曜日은 [25]休務라서 출근을 안한다.

○ [26]寶物이란 그것을 얻기 위하여 진지하게 노력하는 사람이 [27]所有하게 된다는 평범한 [28]眞理를 깨우쳤다.

○ 자식들의 [29]孝誠스러운 간병으로 아버지의 [30]病勢가 차츰 좋아졌다.

○ 할아버지는 [31]公職에서 물러앉아 [32]故鄕에서 조용히 [33]餘生을 보냈다.

○ 기상 이변에 따른 폭설에 [34]對備해 산간 지역 [35]除雪 작업을 민간에 위탁하기로 했다.

1 [   ] 2 [   ]
3 [   ] 4 [   ]
5 [   ] 6 [   ]
7 [   ] 8 [   ]
9 [   ] 10 [   ]
11 [   ] 12 [   ]
13 [   ] 14 [   ]
15 [   ] 16 [   ]
17 [   ] 18 [   ]
19 [   ] 20 [   ]
21 [   ] 22 [   ]
23 [   ] 24 [   ]
25 [   ] 26 [   ]
27 [   ] 28 [   ]
29 [   ] 30 [   ]
31 [   ] 32 [   ]
33 [   ] 34 [   ]
35 [   ]

02 다음 漢字의 訓과 音을 쓰시오. (36~57)

36 增 [   ] 37 賢 [   ]
38 銅 [   ] 39 逆 [   ]
40 次 [   ] 41 協 [   ]
42 羅 [   ] 43 貧 [   ]
44 圓 [   ] 45 總 [   ]
46 航 [   ] 47 燈 [   ]
48 豊 [   ] 49 認 [   ]
50 俗 [   ] 51 步 [   ]
52 低 [   ] 53 態 [   ]
54 請 [   ] 55 息 [   ]
56 留 [   ] 57 康 [   ]

03 다음 漢字의 部首를 쓰시오. (58~60)

58 常 [   ] 59 取 [   ]
60 香 [   ]

04 다음 漢字의 略字(약자)를 쓰시오. (61~63)

61 團 [   ] **62** 卒 [   ]

63 勞 [   ]

05 다음 밑줄 친 漢字와 뜻이 반대(또는 상대)되는 漢字를 ( ) 속에 적어 문장을 완성하시오. (64~66)

64 우리 팀은 1위 팀과 승점이 같으면서도 골 得( )에서 뒤져 2위에 랭크됐다.

65 이 골목은 사람들의 往( )가 많아 복잡하다.

66 부품의 성능은 제품의 ( )敗를 판가름하는 핵심 요인이다.

06 다음 밑줄 친 漢字와 뜻이 같거나 비슷한 漢字를 ( ) 속에 적어 문장을 완성하시오. (67~69)

67 우리는 지난날의 생각을 더듬으며 짧은 想( )에 잠겼다.

68 그는 자신의 의견이 채택되길 希( )했다.

69 그녀는 유행 중인 ( )謠를 개사해서 불러 사람들을 웃겼다.

07 다음 제시한 漢字語와 뜻에 맞는 同音語를 漢字로 쓰시오. (70~72)

70 夜警 - ( )景 : 들의 경치.

71 古典 - 苦( ) : 몹시 힘들고 어렵게 싸움.

72 必死 - ( )寫 : 베끼어 씀.

08 다음 漢字語의 뜻을 <보기>에서 찾아 그 번호를 쓰시오. (73~75)

보기	① 한 나라의 중앙 정부가 있는 도시. ② 도를 닦음. ③ 아동이 그린 그림. ④ 인공적으로 만든 꽃 ⑤ 서로 잘 어울림. ⑥ 어린이를 위하여 동심을 바탕으로 지은 이야기.

73 童畫   [   ]

74 修道   [   ]

75 調和   [   ]

09 다음 ( ) 안에 알맞은 漢字를 적어 성어를 완성하시오. (76~80)

76 百(해)無益 : 해롭기만 하고 하나도 이로운 바가 없음.   [   ]

77 多聞博(식) : 보고 들은 것이 많고 아는 것이 많음.   [   ]

78 (결)草報恩 : 죽은 뒤에라도 은혜를 잊지 않고 갚음을 이르는 말.   [   ]

79 秋(풍)落葉 : 가을바람에 떨어지는 나뭇잎.   [   ]

80 (독)不將軍 : 무슨 일이든 자기 생각대로 혼자서 처리하는 사람.   [   ]

10 다음 각 문장의 밑줄 친 漢字語를 漢字로 쓰시오. (81~100)

81 그는 자기 재산을 다 털어 학교를 세웠다.   [   ]

82 명수는 그녀에게 사랑을 고백했다. [   ]

83 장마 때문에 채소 가격이 높이 뛰었다.   [   ]

84 대회장에는 2만여 명의 시민들이 운집했다.   [   ]

85 그의 꿈은 교육자가 되어 교육 발전에 이바지하는 것이다.   [   ]

86 시청 앞 광장에 학생들이 가득 모여 있었다.   [   ]

87 흉작으로 농작물 가격이 많이 올랐다.   [   ]

88 연주가 끝나자 객석에서 우레 같은 박수가 쏟아졌다.   [   ]

89 이 선생님은 교육장을 <u>역임</u>하고 올해 초 은퇴
    하셨다.   [   ]

90 한글날 행사가 <u>식순</u>에 따라 진행되었다.
                              [   ]

91 경비행기는 저공으로 선회하며 <u>착륙</u>을 시도했다.
                              [   ]

92 눈이 온다던 일기 예보가 <u>적중</u>했다. [   ]

93 양로원에서 자원 <u>봉사</u>할 사람을 모집하였다.
                              [   ]

94 나는 훈련소에 입소하여 <u>신병</u> 교육을 받았다.
                              [   ]

95 왕은 이웃 나라의 <u>사신</u>을 극진히 대우하였다.
                              [   ]

96 이 제과점에는 다양한 <u>종류</u>의 쿠키가 있다.
                              [   ]

97 할아버지는 요양원에서 <u>자택</u>으로 옮겨 치료 중
    이시다.   [   ]

98 음식이 너무 기름져서 <u>소화</u>가 잘 안 된다.
                              [   ]

99 이 약은 캡슐로 되어 있어 <u>복용</u>이 간편합니다.
                              [   ]

100 곰바위란 지명은 <u>전설</u>에 유래를 두고 있다.
                              [   ]

제97회
2022. 5. 28 시행
(社) 한국어문회 주관·한국한자능력검정회 시행
한자능력검정시험 4급Ⅱ 기출문제
문 항 수 : 100문항
합격문항 : 70문항
제한시간 : 50분

01 다음 밑줄 친 漢字語의 讀音을 쓰시오. (1~35)

○ '[1]傳統 [2]工藝 [3]體驗 행사'를 읽고, [4]重要한 [5]內容을 어떻게 정리하는지 알아봅시다. 〈국어 2〉

○ 5월부터 [6]次期 정권이 출범한다.

○ 간호원이 [7]應急 환자에게 진통제를 주사하였다.

○ 결과가 있으면 반드시 [8]原因이 있기 마련이다.

○ 교통난 해소를 위해 지하철과 시내버스를 [9]增車 운행한다.

○ 그는 [10]滿面에 미소를 띠며 말을 했다.

○ 나그네는 물 한 바가지를 [11]單番에 들이켰다.

○ 농촌에서 사용하는 [12]農器具도 점차 현대화되어 간다.

○ 다음 주에는 학교에서 봄 [13]祝祭가 열린다.

○ 당대표는 임기를 마치고 [14]黨職에서 물러났다.

○ 동물을 [15]保護하기 위해 사냥과 낚시를 [16]制限하고, 국립공원을 지정하거나 [17]生態 [18]公園을 만들어서 자연을 보호하고 있습니다. 〈과학 6〉

○ 밤새 책을 읽었더니 눈이 빨갛게 [19]充血되었다.

○ 통일 [20]新羅는 [21]高句麗와 [22]百濟의 문화를 받아들이면서 새로운 문화를 [23]發展시켜 나갔다. 〈사회 5〉

○ 새 대리점이 서귀포에 [24]開設될 계획이다.

○ 생명 공학의 발달은 인류의 생명과 [25]健康에 획기적인 [26]進步를 [27]可能하게 하고 있다. 〈사회 6〉

○ 선생님과 나눈 대화는 나에게 무척 [28]有益했다.

○ 세계의 기상 이변은 자연이 우리에게 보내는 [29]暗示인 것 같다.

○ 우리 동네 [30]醫院은 친절하기로 소문이 자자하다.

○ 우리 학교의 학생 [31]總員은 532명이다.

○ 이번 사건은 많은 사람의 관심과 [32]注視의 대상이 되었다.

○ 좋은 뜻으로 말을 했는데 이렇게 [33]曲解될 줄 몰랐다.

○ 철수의 [34]加勢로 농구팀은 다시 활기를 띠었다.

○ 현실과 [35]理想을 구분하는 것은 힘들다.

1 [　　]	2 [　　]
3 [　　]	4 [　　]
5 [　　]	6 [　　]
7 [　　]	8 [　　]
9 [　　]	10 [　　]
11 [　　]	12 [　　]
13 [　　]	14 [　　]
15 [　　]	16 [　　]
17 [　　]	18 [　　]
19 [　　]	20 [　　]
21 [　　]	22 [　　]
23 [　　]	24 [　　]
25 [　　]	26 [　　]
27 [　　]	28 [　　]
29 [　　]	30 [　　]
31 [　　]	32 [　　]
33 [　　]	34 [　　]
35 [　　]	

02 다음 漢字의 訓과 音을 쓰시오. (36~57)

36 列 [　　]	37 暖 [　　]
38 官 [　　]	39 街 [　　]
40 演 [　　]	41 收 [　　]
42 壁 [　　]	43 指 [　　]
44 承 [　　]	45 衛 [　　]
46 深 [　　]	47 提 [　　]
48 達 [　　]	49 密 [　　]

50 缺 [   ]   51 往 [   ]

52 謝 [   ]   53 斗 [   ]

54 脈 [   ]   55 備 [   ]

56 盛 [   ]   57 認 [   ]

03 다음 漢字의 部首를 쓰시오. (58~60)

58 競 [   ]   59 規 [   ]

60 南 [   ]

04 다음 漢字의 略字(약자; 획수를 줄인 漢字)를 쓰시오. (61~63)

61 畫 [   ]   62 惡 [   ]

63 圖 [   ]

05 다음 밑줄 친 漢字와 뜻이 반대(또는 상대)되는 漢字를 ( ) 속에 적어 문장을 완성하시오. (64~66)

64 예전에 과거 제도에서는 ( )鄕 각지의 수재들이 모여 글재주를 겨루었다.

65 이순신은 ( )武를 겸비한 조선의 장수이다.

66 과수 농사의 豊( )은 그 해 일조량에 좌우된다.

06 다음 밑줄 친 漢字와 뜻이 같거나 비슷한 漢字를 ( ) 속에 적어 문장을 완성하시오. (67~69)

67 들판에는 한 그루의 나무도 없이 ( )虛하였다.

68 기차가 10시에 到( )했다.

69 여행을 하는 동안 내내 나는 자신을 ( )察하는 시간을 가졌다.

07 다음 제시한 漢字語와 뜻에 맞는 同音語를 漢字로 쓰시오. (70~72)

70 減定 – ( )情 : 어떤 것에 대하여 일어나는 마음이나 느끼는 기분.

71 錄紙 – ( )地 : 풀이나 나무가 우거진 곳.

72 餘毒 – ( )毒 : 여행으로 말미암아 생긴 피로나 병.

08 다음 漢字語의 뜻을 〈보기〉에서 찾아 그 번호를 쓰시오. (73~75)

> 보기
> ① 임금에 대한 충성심.
> ② 음흉한 방법으로 몰래 남에게 해를 가함.
> ③ 어른의 곁에서 시중을 듦.
> ④ 길이를 잼.
> ⑤ 그늘 때문에 생기는 피해.
> ⑥ 남의 잘못을 진심으로 타이름.

73 陰害   [   ]

74 忠告   [   ]

75 測長   [   ]

09 다음 ( ) 안에 알맞은 漢字를 적어 성어를 완성하시오. (76~80)

76 博學(다)識 : 학식이 넓고 아는 것이 많음.
                                    [   ]

77 燈下不(명) : 등잔 밑이 어두움. [   ]

78 (시)終如一 : 처음부터 끝까지 변함없이 한결같음.
                                    [   ]

79 (이)熱治熱 : 열로써 열을 다스림. [   ]

80 二律背(반) : 두 가지 규칙이 서로 등 돌리고 반대됨.
                                    [   ]

10 다음 각 문장의 밑줄 친 漢字語를 漢字로 쓰시오. (81~100)

81 강철보다 합금의 강도가 더 높다. [   ]

82 건강한 사회일수록 의사표현이 자유롭다.
                                    [   ]

83 나도 이제 독립을 할 수 있는 나이가 되었다.
                                    [   ]

84 당초 계획대로 우리는 수요일 아침에 서울로 돌아왔다.   [   ]

85 모든 인간은 행복을 추구할 권리를 갖고 있다.
                                    [   ]

86 사람 사이의 <u>약속</u>은 지키기 위하여 있는 것이다. [   ]

87 역사책의 <u>위인</u>들은 모두 올곧은 품성을 갖고 있다. [   ]

88 외국어의 무분별한 <u>유입</u>이 우리 사회의 문젯거리가 되고 있다. [   ]

89 우리 학교는 70년이란 오랜 <u>역사</u>를 지녔다. [   ]

90 우리는 <u>매주</u>에 한 번씩 모임을 갖기로 했다. [   ]

91 우리말의 <u>특질</u> 중 하나는 감각어가 발달해 있다는 것이다. [   ]

92 을지문덕은 <u>지덕</u>을 겸비한 용맹한 장수였다. [   ]

93 이 그릇은 모양은 예쁜데 <u>실용성</u>이 떨어진다. [   ]

94 전쟁을 승리로 이끈 그는 영웅적인 <u>전사</u>로 칭송되었다. [   ]

95 정당이나 정치인은 <u>민의</u>의 향방에 매우 민감하다. [   ]

96 주로에 서 있던 선수들이 출발 <u>신호</u>에 맞춰 달리기 시작했다. [   ]

97 철수는 씩씩한 대한의 <u>남아</u>이다. [   ]

98 할머니께서 어릴 <u>당시</u>에는 마을에 전기가 들어오지 않았다고 한다. [   ]

99 행복한 <u>가정</u>에는 항상 웃음꽃이 피어난다. [   ]

100 현재 국제 정세에 큰 <u>변동</u>이 일어나고 있다. [   ]

제98회
2022. 8. 27 시행

(社) 한국어문회 주관·한국한자능력검정회 시행

한자능력검정시험 4급Ⅱ 기출문제

문 항 수 : 100문항
합격문항 : 70문항
제한시간 : 50분

01 다음 밑줄 친 漢字語의 讀音을 쓰시오. (1~35)

○ 이 [1]商街 [2]建物에는 멀티플랙스 영화관처럼 고객을 끌어모으는 효과가 큰 [3]呼客 [4]賣場이 들어선다.

○ 이 책에서는 [5]魚類의 [6]進化에 대해 [7]理解하기 쉽게 [8]表現하고 있다.

○ [9]年歲가 많으신 분은 [10]氣溫이 갑자기 떨어지는 [11]時期에는 [12]健康 관리에 [13]特別히 [14]神經을 더 써야 한다.

○ 그는 우리나라 [15]再修생의 [16]日常을 [17]密度 있게 포착한 [18]寫眞을 찍고 싶어 한다.

○ 그는 영화를 만들 때 [19]原作, 각색, [20]監督, [21]主演을 모두 [22]直接 하려고 한다.

○ 주위는 캄캄해서 [23]暗黑의 [24]絶壁만이 있었다.

○ [25]內的으로는 [26]一致 단결하여 [27]世界를 향해 [28]雄飛를 펼칠 [29]態勢를 갖추어야 했다.

○ 생활 [30]水準의 [31]向上으로 [32]自身을 드러낼 수 있는 브랜드 [33]選好의 [34]消費 성향이 두드러지게 나타나는 [35]形局이다.

1 [ ]	2 [ ]
3 [ ]	4 [ ]
5 [ ]	6 [ ]
7 [ ]	8 [ ]
9 [ ]	10 [ ]
11 [ ]	12 [ ]
13 [ ]	14 [ ]
15 [ ]	16 [ ]
17 [ ]	18 [ ]
19 [ ]	20 [ ]
21 [ ]	22 [ ]
23 [ ]	24 [ ]
25 [ ]	26 [ ]
27 [ ]	28 [ ]
29 [ ]	30 [ ]
31 [ ]	32 [ ]
33 [ ]	34 [ ]
35 [ ]	

02 다음 漢字의 訓과 音을 쓰시오. (36~57)

36 放 [ ]	37 得 [ ]
38 假 [ ]	39 速 [ ]
40 歷 [ ]	41 創 [ ]
42 冷 [ ]	43 障 [ ]
44 吸 [ ]	45 退 [ ]
46 謠 [ ]	47 減 [ ]
48 牧 [ ]	49 破 [ ]
50 操 [ ]	51 鼻 [ ]
52 規 [ ]	53 鮮 [ ]
54 怒 [ ]	55 曜 [ ]
56 收 [ ]	57 橋 [ ]

03 다음 漢字의 部首를 쓰시오. (58~60)

| 58 集 [   ] | 59 以 [   ] |
| 60 半 [   ] | |

04 다음 漢字의 略字(약자; 획수를 줄인 漢字)를 쓰시오. (61~63)

| 61 傳 [   ] | 62 醫 [   ] |
| 63 萬 [   ] | |

05 다음 밑줄 친 漢字와 뜻이 반대(또는 상대)되는 漢字를 ( ) 속에 적어 문장을 완성하시오. (64~66)

64 이제 이 일과 관련된 사람들의 功( )를 논할 시간이다.

65 역사에서 필연성이란 어떤 사건 사이의 불가피한 因( ) 관계를 말한다.

66 이번 팀은 선수들의 新( ) 조화를 잘 이루었다.

06 다음 밑줄 친 漢字와 뜻이 같거나 비슷한 漢字를 ( ) 속에 적어 문장을 완성하시오. (67~69)

67 ( )備 서류를 다 갖추었다.

68 그는 언제나 素( )한 옷차림이었다.

69 가정에 행복이 ( )滿하시기를 기원합니다.

07 다음 제시한 漢字語와 뜻에 맞는 同音語를 漢字로 쓰시오. (70~72)

70 虛弱 – 許( ) : 허락하여 약속함.

71 無用 – 武( ) : 무예와 용맹.

72 家産 – 加( ) : 더하여 셈함.

08 다음 漢字語의 뜻을 〈보기〉에서 찾아 그 번호를 쓰시오. (73~75)

보기	① 몹시 기다림. ② 옮겨서 심음. ③ 돌이켜 생각해냄. ④ 세상에 널리 알림. ⑤ 잘못된 것을 바로잡음. ⑥ 푸른 잎이 우거진 나무나 수풀.

73 綠陰   [   ]

74 移植   [   ]

75 苦待   [   ]

09 다음 ( ) 안에 알맞은 漢字를 적어 성어를 완성하시오. (76~80)

76 (경)天愛人 : 하늘을 숭배하고 인간을 사랑함.
[   ]

77 朝(변)夕改 : 아침저녁으로 뜯어 고침.
[   ]

78 白(면)書生 : 글만 읽고 세상일에 전혀 경험이 없는 사람.
[   ]

79 多聞博(식) : 견문이 넓고 학식이 많음.
[   ]

80 四(통)五達 : 교통망 통신망 등이 사방으로 막힘 없이 통함.
[   ]

10 다음 각 문장의 밑줄 친 漢字語를 漢字로 쓰시오. (81~100)

81 선배님 말씀에 설복되었다. [   ]

82 장관에 임명되었다. [   ]

83 그는 세련된 말솜씨를 가지고 있다. [   ]

84 배탈이 난 후 미음을 쑤어서 먹었다.
[   ]

85 여름에는 고향에 가서 휴양을 할 예정이다.
[   ]

86 새 저작권법이 발효되었다. [   ]

87 이번 일에 중책을 맡았다. [   ]

88 급류에 휩쓸리지 않게 꽉 잡아라. [   ]

89 숙소부터 정하고 식사를 합시다. [   ]

90 비행기가 지금 막 착륙했다. [   ]

91 겸손이 무조건 미덕인 시대는 지났다.
[   ]

92 우연한 만남을 화두로 삼아 이야기를 풀어나가겠습니다. [   ]

93 오늘은 구름 한 점 없이 청명한 날씨다.
[   ]

94 다음 모임에는 꼭 <u>참석</u>하겠습니다. [   ]

95 우리 팀이 3년 만에 <u>결승</u>에 진출했다.

[   ]

96 <u>광고</u>를 보고 찾아왔습니다.   [   ]

97 그 물건은 인기 상품이라 오전에 <u>품절</u>되었습니다.

[   ]

98 소비와 사치는 국가와 사회에 커다란 <u>해악</u>을

끼친다.   [   ]

99 이 작품은 양반 계급의 몰락을 <u>실감</u> 있게 묘사

하고 있다.   [   ]

100 만인은 법 앞에 <u>평등</u>하다.   [   ]

01 다음 밑줄 친 漢字語의 讀音을 쓰시오. (1~35)

1 그녀는 極貧한 생활에도 항상 웃음을 잃지 않았다. [   ]

2 마라톤 競走의 원조는 고대 그리스 군인이었다. [   ]

3 그는 가끔 常識 밖의 행동을 할 때가 있다. [   ]

4 부지런히 일한 덕분에 所得이 배가되었다. [   ]

5 적절한 예는 理解를 돕는다. [   ]

6 젊은 날의 經驗은 훗날 큰 자산이 된다. [   ]

7 건물 신축 공사가 90%의 工程을 보이고 있다. [   ]

8 길을 가다가 우연히 그들 夫婦를 다시 만났다. [   ]

9 고려 때에는 문관을 동반, 武官을 서반이라 하였다. [   ]

10 그는 나를 훌륭한 스승님께 引導해 주었다. [   ]

11 측우기는 비가 내린 양을 재는 器具이다. [   ]

12 寒帶 지방에서는 주로 침엽수가 자란다. [   ]

13 모든 節次가 순조롭게 진행되었다. [   ]

14 기장은 비행기의 航速을 일정하게 유지하였다. [   ]

15 임금에게 忠言을 드리는 것이 신하의 도리이다. [   ]

16 교육이 바로 서야 국가가 復興할 수 있다. [   ]

17 약속한 제시간에 오지 않아 무슨 變故가 생긴 줄 알았다. [   ]

18 농작물이 害蟲에 시달리지 않도록 농약을 뿌렸다. [   ]

19 형은 조건 없이 동생의 要求를 받아주기로 하였다. [   ]

20 인간의 문명은 어느 수준까지 進步할 수 있을까? [   ]

21 이순신은 조선의 勇將이었다. [   ]

22 아침마다 우유가 配達된다. [   ]

23 나무는 뿌리에서 땅속의 수분을 吸收한다. [   ]

24 세계 여러 나라는 러시아의 침공을 非難했다. [   ]

25 약을 복용할 때는 반드시 의사의 指示를 따라야 한다. [   ]

26 학생들은 呼名한 순서대로 나와 일렬로 섰다. [   ]

27 기차는 正確히 열 시에 도착했다. [   ]

28 육체가 건강해야 精神도 건강해진다. [   ]

29 수증기를 냉각하면 液體로 변한다. [   ]

30 이 통조림은 유통 期限이 지나버렸다. [   ]

31 鐵製 농기구는 농경을 발달시켰다. [   ]

32 인간이 화성으로 移住할 날이 올 수도 있다. [   ]

33 아군은 적군의 움직임을 철저하게 監視했다. [   ]

34 봄 농사를 準備하는 농부들이 밭갈이에 여념이 없다. [   ]

35 그 팀은 막강한 전력을 <u>保有</u>하고 있다.

[   ]

02 다음 漢字의 訓과 音을 쓰시오. (36~57)

36 職 [   ] **37** 圓 [   ]

38 祝 [   ] **39** 細 [   ]

40 受 [   ] **41** 餘 [   ]

42 察 [   ] **43** 盛 [   ]

44 宮 [   ] **45** 伐 [   ]

46 務 [   ] **47** 暴 [   ]

48 湖 [   ] **49** 端 [   ]

50 連 [   ] **51** 雄 [   ]

52 斗 [   ] **53** 赤 [   ]

54 斷 [   ] **55** 禁 [   ]

56 破 [   ] **57** 災 [   ]

03 다음 漢字의 部首를 쓰시오. (58~60)

58 吉 [   ] **59** 罰 [   ]

60 貯 [   ]

04 다음 漢字의 略字(약자; 획수를 줄인 漢字)를 쓰시오. (61~63)

61 價 [   ]

62 實 [   ]

63 觀 [   ]

05 다음 밑줄 친 漢字와 뜻이 반대(또는 상대)되는 漢字를 ( ) 속에 적어 문장을 완성하시오. (64~66)

64 수학 시험 점수가 이번 입시의 ( )<u>落</u>을 좌우할 것이다.

65 노선이 새로 연장되면서 열차의 ( )<u>着</u> 시간이 변경되었다.

66 참다운 지성인이라면 ( )<u>行</u>과 언행의 일치를 이루어야 한다.

06 다음 밑줄 친 漢字와 뜻이 같거나 비슷한 漢字를 ( ) 속에 적어 문장을 완성하시오. (67~69)

67 언니의 가정에 행복이 ( )<u>滿</u>하기를 빌었다.

68 근대 올림픽을 <u>創</u>( )한 사람은 쿠베르탱이다.

69 수많은 사람들이 ( )<u>爭</u>에서 목숨을 잃었다.

07 다음 제시한 漢字語와 뜻에 맞는 同音語를 漢字로 쓰시오. (70~72)

70 數目 – ( )木 : 살아 있는 나무.

71 演技 – 煙( ) : 무엇이 불에 탈 때에 생겨나는 흐릿한 기체.

72 敵衆 – ( )中 : 화살 따위가 목표물에 맞음.

08 다음 漢字語의 뜻을 〈보기〉에서 찾아 그 번호를 쓰시오. (73~75)

보기	① 더하거나 뺌. ② 벽에 바르는 종이. ③ 닥나무로 만든 종이. ④ 전체를 한데 모아서 헤아림. ⑤ 할 수 있거나 될 수 있음. ⑥ 행위를 제한하거나 제약함.

73 壁紙   [   ]

74 統制   [   ]

75 加減   [   ]

09 다음 ( ) 안에 알맞은 漢字를 적어 성어를 완성하시오. (76~80)

76 見(리)思義 : 눈앞의 이익을 보면 의리를 먼저 생각함.   [   ]

77 前代未(문) : 이제까지 들어본 적이 없는 일. [   ]

78 因(과)應報 : 원인과 결과가 서로 호응하여 그 대로 갚음.   [   ]

79 二律背(반) : 두 가지 규칙이 서로 등 돌리고 반대됨.   [   ]

80 卓上(공)論 : 현실성이 없는 허황한 이론이나 논의. [   ]

⑩ 다음 각 문장의 밑줄 친 漢字語를 漢字로 쓰시오. (81~100)

81 마라톤 선수는 42.195킬로미터의 <u>구간</u>을 달려야 한다. [   ]

82 이번 태풍으로 많은 농경지가 <u>소실</u>되었다. [   ]

83 이 도서관은 모든 사람에게 늘 <u>개방</u>되어 있다. [   ]

84 한국 기업이 휴대폰 사업에서 <u>선두</u>를 지켰다. [   ]

85 톨게이트를 <u>통과</u>한 차량들이 다시 속도를 내기 시작했다. [   ]

86 최근에는 버스를 이용한 상업 <u>광고</u>가 많이 늘었다. [   ]

87 우리나라의 통신 <u>산업</u>은 눈부시게 발전하였다. [   ]

88 삼국사기와 삼국유사는 우리나라의 대표적인 <u>사서</u>이다. [   ]

89 이 매장에서는 아기들과 관련된 다양한 <u>용품</u>들을 판매한다. [   ]

90 그는 아무런 <u>계획</u>도 없이 무작정 길을 떠났다. [   ]

91 공장 폐수는 <u>수질</u>과 토양을 오염시킨다. [   ]

92 뒷마무리는 내가 <u>책임</u>지기로 하였다. [   ]

93 종가집의 요리 비법은 대대로 며느리들에게 <u>전래</u>되었다. [   ]

94 물의 <u>온도</u>가 100℃로 올라가면 끓기 시작한다. [   ]

95 그는 한번 <u>결심</u>한 일은 반드시 해내고야 만다. [   ]

96 옷감을 물들이는 염료로 <u>황토</u>를 사용하기도 한다. [   ]

97 <u>양지</u>에는 벌써 눈이 다 녹았다. [   ]

98 마을로 들어오는 <u>도로</u>가 새로 포장되었다. [   ]

99 인간은 자연과 <u>조화</u>를 이루면서 공존하여야 한다. [   ]

100 할머니가 <u>손녀</u>를 품에 안고 자장가를 불러 주었다. [   ]

【제92회】 기출문제(93p~95p)

1 공항	2 비상	3 착륙	4 시도
5 상태	6 지시	7 사용	8 액체
9 정확	10 측정	11 제품	12 자동
13 감전	14 사고	15 방지	16 신라
17 백제	18 압력	19 경쟁	20 결국
21 고구려	22 협상	23 외교	24 군대
25 약속	26 분배	27 해결	28 이상
29 영토	30 정치	31 직접	32 변화
33 대처	34 개인	35 미래	36 웃음 소
37 칠 목	38 등 배	39 콩 두	40 얼음 빙
41 가을 추	42 호수 호	43 이 치	44 칠 타
45 부를 호	46 뿔 각	47 날 비	48 비 우
49 발 족	50 넓을 광	51 손 객	52 많을 다
53 눈 목	54 자리 석	55 손자 손	56 스승 사
57 믿을 신	58 太陽	59 光線	60 年歲
61 祖父母	62 重要	63 作業	64 市立
65 見學	66 冬草	67 生命	68 野球
69 勝利	70 反省	71 心身	72 牛萬
73 歷史	74 民族	75 平和	76 卒兵
77 通過	78 獨	79 友	80 東
81 親	82 九	83 明	84 夜
85 白	86 溫	87 樹	88 童
89 歌	90 苦	91 旗	92 価
93 号	94 伝	95 貝	96 食
97 田	98 2	99 4	100 5

【제94회】 기출문제(99p~101p)

1 이해	2 자신	3 정신	4 집중
5 조절	6 정확	7 전통	8 고유
9 재료	10 발달	11 감정	12 의견
13 유배	14 생물	15 관찰	16 분단
17 대결	18 안보	19 충신	20 등용
21 왕권	22 강화	23 정부	24 업계
25 공통	26 북극	27 항로	28 관심
29 경제적	30 이익	31 시작	32 공장
33 군사	34 훈련	35 시간	36 끝 단
37 웃음 소	38 뜻 지	39 일어날 기	40 고울 려
41 어두울 암	42 힘쓸 노	43 넓을 박	44 비롯할 창
45 정성 성	46 구할 구	47 갈 연	48 쾌할 쾌
49 좋을 호	50 맛 미	51 물러날 퇴	52 높을 존
53 깨뜨릴 파	54 고기 육	55 아이 아	56 바랄 희
57 스승 사	58 方法	59 說明	60 廣告
61 商品	62 朝鮮	63 美術	64 圖形
65 計算	66 變色	67 運命	68 地球
69 洗手	70 親舊	71 敎室	72 陸上
73 種目	74 民畫	75 幸福	76 所望(素望)
77 表現	78 獨	79 戰	80 老
81 左	82 新	83 活	84 失
85 果	86 苦	87 休	88 和
89 家	90 史	91 害	92 団
93 礼	94 実	95 日	96 貝
97 食	98 ③	99 ⑥	100 ④

【제93회】 기출문제(96p~98p)

1 도달	2 순백	3 난민	4 보유
5 풍년	6 밀도	7 희망	8 노력
9 결국	10 타파	11 원소	12 직장
13 개인	14 건강	15 여행	16 처녀
17 총각	18 약속	19 냉방병	20 쾌감
21 폭발	22 경제	23 인정	24 궁중
25 기술자	26 이후	27 신임	28 유학
29 기구	30 명맥	31 대상	32 진입
33 창안	34 별미	35 화성	36 지을 제
37 더할 익	38 월 강	39 일 흥	40 인도할 도
41 죽일 살 ㅣ 감할/빠를 쇄	42 참 진	43 칠 목
44 벼슬 관	45 마루 종	46 이을 련	47 재주 예
48 쓸[掃除] 소	49 따뜻할 난	50 물러날 퇴	51 청할 청
52 베/펼 포 ㅣ 보시 보	53 보배 보	54 대적할 적
55 납 신	56 그늘 음	57 부를 호	58 日
59 立	60 八	61 当	62 独
63 参	64 農	65 勝	66 出
67 家	68 界	69 明	70 說
71 利	72 週	73 ④	74 ①
75 ⑤	76 江	77 死	78 識
79 意	80 花	81 功過	82 自筆
83 外交	84 正品	85 通知書	86 本流
87 男兒	88 始祖	89 樂園	90 物質
91 友愛	92 士兵	93 歷史	94 樹立
95 美化	96 團地	97 強雨	98 幸福
99 體重	100 着陸		

【제95회】 기출문제(102p~104p)

1 경전	2 수행	3 불교	4 배수
5 석벽	6 쾌활	7 단체	8 신청서
9 제출	10 인원수	11 주의	12 당직
13 폭우	14 예방	15 난대	16 언론
17 재산	18 성별	19 관계	20 정치
21 제도	22 노력	23 창제	24 파장
25 친구	26 공연	27 준비	28 치약
29 전송	30 입사	31 타파	32 개선
33 호응	34 가감	35 명성	36 한할 한
37 깊을 심	38 영화 영	39 도울 조	40 고기 육
41 벌할 벌	42 터럭 모	43 인도할 도	44 줄 수
45 도울 호	46 막을 장	47 이을 련	48 풍년 풍
49 참 진	50 재 성	51 편안 강	52 일[盛] 흥
53 일어날 기	54 벌레 충	55 깨우칠 경	56 글귀 구
57 절 사	58 支(攴)	59 田	60 刀(刂)
61 独	62 画	63 伝	64 來
65 利	66 始	67 話	68 分
69 念	70 說	71 動	72 園
73 ③	74 ①	75 ④	76 聞
77 種	78 相	79 多	80 明
81 戰士	82 道德	83 惡用	84 目的
85 參席	86 方法	87 自由	88 上流
89 氣溫	90 要約	91 開發	92 太陽
93 家具	94 歷史	95 當面	96 事例
97 充足	98 兵卒	99 物價	100 良質

【제96회】 기출문제(105p~107p)

1 도매	2 상가	3 선거	4 감시
5 민간	6 설치	7 감정	8 신성
9 순결	10 금연	11 실시	12 권리
13 보장	14 온실	15 난방	16 중요
17 당원	18 관계	19 결의	20 연속
21 방송	22 기록	23 매주	24 토요일
25 휴무	26 보물	27 소유	28 진리
29 효성	30 병세	31 공직	32 고향
33 여생	34 대비	35 제설	36 더할 증
37 어질 현	38 구리 동	39 거스를 역	40 버금 차
41 화할 협	42 벌릴 라	43 가난할 빈	44 둥글 원
45 다 총	46 배 항	47 등 등	48 풍년 풍
49 알 인	50 풍속 속	51 걸음 보	52 낮을 저
53 모습 태	54 청할 청	55 쉴 식	56 머무를 류
57 편안 강	58 巾	59 又	60 香
61 団	62 卒	63 勞	64 失
65 來	66 成	67 念	68 望
69 歌	70 野	71 戰	72 筆
73 ③	74 ②	75 ⑤	76 害
77 識	78 結	79 風	80 獨
81 財産	82 告白	83 價格	84 雲集
85 發展	86 廣場	87 凶作	88 客席
89 歷任	90 式順	91 着陸	92 的中
93 奉仕	94 新兵	95 使臣	96 種類
97 自宅	98 消化	99 服用	100 傳說

【제97회】 기출문제(108p~110p)

1 전통	2 공예	3 체험	4 중요
5 내용	6 차기	7 응급	8 원인
9 증차	10 만면	11 단번	12 농기구
13 축제	14 당직	15 보호	16 제한
17 생태	18 공원	19 충혈	20 신라
21 고구려	22 백제	23 발전	24 개설
25 건강	26 진보	27 가능	28 유익
29 암시	30 의원	31 총원	32 주시
33 곡해	34 가세	35 이상	36 벌릴 렬
37 따뜻할 난	38 벼슬 관	39 거리 가	40 펼 연
41 거둘 수	42 벽 벽	43 가리킬 지	44 이을 승
45 지킬 위	46 깊을 심	47 끌 제	48 통달할 달
49 빽빽할 밀	50 이지러질 결	51 갈 왕	52 사례할 사
53 말 두	54 줄기 맥	55 갖출 비	56 성할 성
57 알[知] 인	58 立	59 見	60 十
61 晝	62 惡	63 図	64 京
65 文	66 凶	67 空	68 着
69 省	70 感	71 綠	72 旅
73 ②	74 ⑥	75 ④	76 多
77 明	78 始	79 以	80 反
81 強度	82 自由	83 獨立	84 計畫
85 幸福	86 約束	87 偉人	88 流入
89 歷史	90 每週	91 特質	92 知德
93 實用性	94 戰士	95 民意	96 信號
97 男兒	98 當時	99 家庭	100 變動

【제98회】 기출문제(111p~113p)

1 상가	2 건물	3 호객	4 매장
5 어류	6 진화	7 이해	8 표현
9 연세	10 기온	11 시기	12 건강
13 특별	14 신경	15 재수	16 일상
17 밀도	18 사진	19 원작	20 감독
21 주연	22 직접	23 암흑	24 절벽
25 내적	26 일치	27 세계	28 웅비
29 태세	30 수준	31 향상	32 자신
33 선호	34 소비	35 형국	36 놓을 방
37 얻을 득	38 거짓 가	39 빠를 속	40 누를 압
41 비롯할 창	42 찰 랭	43 막을 장	44 마실 흡
45 물러날 퇴	46 노래 요	47 덜 감	48 칠 목
49 깨트릴 파	50 잡을 조	51 코 비	52 법 규
53 고울 선	54 성낼 노	55 빛날 요	56 거둘 수
57 다리 교	58 佳	59 人	60 十
61 伝	62 医	63 万	64 過
65 果	66 舊	67 具	68 朴
69 充	70 約	71 勇	72 算
73 ⑥	74 ②	75 ①	76 敬
77 變	78 面	79 識	80 通
81 說服	82 任命	83 洗練	84 米飮
85 休養	86 發效	87 重責	88 急流
89 宿所	90 着陸	91 美德	92 話頭
93 淸明	94 參席	95 決勝	96 廣告
97 品切	98 害惡	99 實感	100 平等

【제99회】 기출문제(114p~116p)

1 극빈	2 경주	3 상식	4 소득
5 이해	6 경험	7 공정	8 부부
9 무관	10 인도	11 기구	12 한대
13 절차	14 항속	15 충언	16 부흥
17 변고	18 해충	19 요구	20 진보
21 용장	22 배달	23 흡수	24 비난
25 지시	26 호명	27 정확	28 정신
29 액체	30 기한	31 철제	32 이주
33 감시	34 준비	35 보유	36 직분 직
37 둥글 원	38 빌 축	39 가늘 세	40 받을 수
41 남을 여	42 살필 찰	43 성할 성	44 집 궁
45 칠[討] 벌	46 힘쓸 무	47 사나울 폭 | 모질 포	48 호수 호
49 끝 단	50 이을 련	51 수컷 웅	
52 말 두	53 붉을 적	54 끊을 단	55 금할 금
56 깨트릴 파	57 재앙 재	58 口	59 网(罒)
60 貝	61 価	62 実	63 观, 覌, 観
64 登	65 發	66 知	67 充
68 始	69 戰	70 樹	71 氣
72 的	73 ②	74 ⑥	75 ①
76 利	77 聞	78 果	79 反
80 空	81 區間	82 消失	83 開放
84 先頭	85 通過	86 廣告	87 産業
88 史書	89 用品	90 計畫	91 水質
92 責任	93 傳來	94 溫度	95 決心
96 黃土	97 陽地	98 道路	99 調和
100 孫女			